NAPOLEONS ALTÄGYPTISCHES ORAKEL

Napoleons altägyptisches Orakel

Das Schicksalsbuch aus
dem Tal der Könige

Herausgegeben
von Judy Hall

nymphenburger

Judy Hall, die Herausgeberin dieses Buches, ist ausgebildete Heilerin und Religionswissenschaftlerin. Sie arbeitet als Medium und beschäftigt sich seit langem intensiv mit Astrologie, Wahrsagerei und Mythologie. Außerdem ist sie Tutorin an der London School of Astrology und am College of Psychic Studies. Mit der Veröffentlichung zahlreicher Bücher hat sie sich international einen Namen als renommierte Autorin gemacht.

Titel der Originalausgabe: *Napoleon's Oracle*

Besuchen Sie uns im Internet unter
www.nymphenburger-verlag.de

Umschlaggestaltung: Wolfgang Heinzel
Satz: Walter Typografie & Grafik GmbH, Würzburg
Gesetzt aus: 10,5/13 Garamond
Druck: Jos. C. Huber KG, Dießen
Binden: Oldenbourg Buchmanufaktur
Printed in Germany
ISBN 3-485-00967-9

INHALT

EINLEITUNG

Die Wiederentdeckung des Orakels

Im Jahre 1975 hatte ich das Glück, der Metaphysikerin Christine Hartley zu begegnen, die später meine Mentorin wurde. Christine Hartley, die inzwischen leider verstorben ist, war eine in der Tradition der westlichen Mystiker stehende Priesterin, die eng mit Dion Fortune und deren Magier-Kollegen zusammen gearbeitet hatte.

Kurz nach unserer ersten Begegnung drückte sie mir einen zerfledderten Stoß handschriftlich beschriebener Papiere in die Hand, auf dessen Deckblatt ich die Überschrift „Oraculum" entzifferte. Christine erzählte mir, dass es sich bei diesem Text um ein esoterisches Geheimnis handle, das seit Urzeiten von Generation zu Generation weitergegeben worden sei. Irgendwann sei es dann in den Besitz von Kaiser Napoleon und seiner Frau Joséphine gelangt und nach Napoleons Tod veröffentlicht worden.

Als ich anfing, mit dem Orakel zu arbeiten, stellte ich fest, dass es trotz seiner unattraktiven äußeren Aufmachung verblüffend genaue Antworten gab. Ich benutzte es viele Jahre lang, bis es bei einem Umzug versehentlich verloren ging. Kurz darauf schenkte mir eine Freundin eine alte, ziemlich abgegriffene Ausgabe von „Napoleon's Book of Fate", die sie in einem Buch-Antiquariat entdeckt hatte. Zu meiner großen Freude enthielt es das Orakel, dem ich bis zum heutigen Tag viele meiner Fragen anvertraue.

Die Vorhersagen des Orakels sind noch genauso exakt wie vor fünftausend Jahren und das ist wohl der Grund dafür, dass es in den vergangenen zweihundert Jahren immer wieder neu aufgelegt wurde. Die Fragen sind universell und gelten für alle Kulturen und Zeitalter. In dieser neuen Ausgabe für das 21. Jahrhundert wurden allerdings einige stilistische Änderungen vorgenommen, um allen Menschen, die heute Führung im Hinblick auf zukünftige Entwicklungen benötigen, den Zugang zu erleichtern.

Die Geschichte des Orakels

Im frühen 19. Jahrhundert schwappte die Renaissance ägyptischer und anderer Wahrsagemethoden wie eine Welle über ganz Europa hinweg. Zum ersten Mal wurden damals Geheimlehren einer breiten Öffentlichkeit zugänglich gemacht und Werke wie das Orakel wurden sofort zu Bestsellern. H. Kirchenhoffer, einer der ersten Übersetzer, der das Buch ins Englische übertrug, sagte dazu Folgendes: „Dieses Buch, das nun auch in englischer Sprache vorliegt, ist in allen Lebenslagen brauchbar und bietet Menschen aller Gesellschaftsschichten die Möglichkeit, es zu befragen und sich in ihrem zukünftigen Verhalten nach dem weisen Rat des Orakels zu richten."

Wie es sich für eine Sache von so tiefer esoterischer und okkulter Bedeutung gehört, verlieren sich die Ursprünge des Orakels und die Umstände seiner ersten Veröffentlichung im geheimnisvollen Dunkel der Vergangenheit. Die verschiedenen Versionen seiner Geschichte tragen ebenfalls nicht zur Klärung dieser Angelegenheit bei. Alle Quellen stimmen jedoch darin überein, dass das Orakel nach der französischen Invasion in Ägypten (1798 – 1799) als Papyrusrolle in einem ägyptischen Grab gefunden wurde. Als Napoleon, der damals noch General war, am 21. Juli 1798 am Fuße der großen Pyramide von Gizeh das Wort an seine Truppen richtete, soll er gesagt haben: „Soldaten, aus der Höhe dieser Pyramiden schauen viertausend Jahre Geschichte auf euch herab." Und er war entschlossen, diese Geschichte zu erforschen.

Damals war im Westen wenig über diese uralte Zivilisation bekannt, abgesehen von den Texten des Klassischen Altertums und den Berichten einiger weniger Reisender des 18. Jahrhunderts. Napoleon war von Ägypten fasziniert. Seine Militärexpedition wurde von einhundertsiebenundsechzig Gelehrten begleitet, darunter drei Astronomen und acht Zeichner, welche die Reise bis ins kleinste Detail festhielten. Aus der Gemeinschaft dieser Wissenschaftler ging später das Ägyptische Institut hervor. Einige von ihnen entdeckten den Rosetta-Stein, der sie in die Lage versetzte, die Hieroglyphen zu entziffern. Napoleons Archäologen trugen Tausende von Objekten zusammen, unter denen sich auch das Orakel befunden haben soll.

Einer im Jahre 1822 veröffentlichten Quelle zufolge wurde es von M. Sonnini in einem Pharaonengrab im Tal der Könige nahe Theben (dem heutigen Luxor) auf der Brust einer gut erhaltenen und sehr schönen Mumie entdeckt. Napoleon soll sofort einen koptischen Priester aufgesucht haben, der ihm die Hieroglyphen übersetzte. Aus Gründen der Geheimhaltung wurden sie Napoleons Sekretär diktiert und von diesem ins Deutsche übertragen. Zum damaligen Zeitpunkt wurden weder die Papyrusrolle noch die Übersetzung der Öffentlichkeit zugänglich gemacht.

Das Orakel wurde zu einem der wertvollsten Besitztümer Napoleons und begleitete ihn auf allen Reisen. Es heißt, Napoleon habe sich jahrelang auf das Orakel verlassen und seinen Rat schließlich doch in den Wind geschlagen, als sein Stolz und Ehrgeiz übermächtig wurden. Das soll letztendlich zu seinem Sturz geführt haben. Die Version der Ereignisse, die von jener esoterischen Tradition verbreitet wurde, in der auch Christine Hartley stand, besagt, dass Napoleon das Orakel mit ins Exil auf Sankt Helena nahm. Ein „Kamerad im Exil“, möglicherweise der Mörder Napoleons, soll es von Napoleons Totenbett gestohlen und zusammen mit anderen privaten Besitztümern des Kaisers auf den Straßen von Jamestown verhökert haben. Von dort soll es dann in den Händen eines unbekannten Sammlers wieder nach Paris gelangt sein.

Es gibt allerdings auch noch eine andere Version, der zufolge sich die Schatulle, in der Napoleon das Orakel aufbewahrte, unter den persönlichen Habseligkeiten befunden haben soll, die er nach der verheerenden Schlacht von Leipzig im Jahre 1815 auf dem Schlachtfeld zurücklassen musste. Laut H. Kirchenhoffer, der im Jahre 1822 eine Übersetzung des Orakels veröffentlichte, riskierte Napoleon sein Leben bei dem erfolglosen Versuch, das

Orakel wieder an sich zu bringen. Ein preußischer Offizier soll es gefunden und einem französischen General verkauft haben, der als Kriegsgefangener in der Festung von Königsberg festgehalten wurde. Der General, der am Wappen erkannte, dass es sich bei der Schatulle um das Eigentum des Kaisers handelte, beabsichtigte, es nach Frankreich zurück zu bringen. Doch bevor er dieses Vorhaben in die Tat umsetzen konnte, starb er an den Folgen der Amputation seines rechten Armes. In seinem Testament trug der General angeblich seinen Angehörigen auf, das Manuskript Napoleon persönlich zu übergeben, was sich allerdings als unmöglich erwies. Während Napoleon im Exil weilte, soll es seiner zweiten Frau, der Kaiserin Marie-Luise, übergeben worden sein. H. Kirchenhoffer behauptet, das Manuskript sei ihm nach dem Tod des Kaisers im Jahre 1821 zum Übersetzen anvertraut worden. Die Ausgabe des Jahres 1822, die am 1. Juni mit dem Titel „The Book of Fate Formerly in the Possession of and Used by Napoleon" in London veröffentlicht wurde, war „Ihrer Kaiserlichen Hoheit, der Ex-Kaiserin von Frankreich" gewidmet. Laut H. Kirchenhoffer enthielt das deutsche Manuskript Notizen in der Handschrift des Kaisers zu Fragen, die dieser dem Orakel gestellt hatte. So stellte er die Frage: Wird mein Name unsterblich werden und wird die Nachwelt ihn rühmen? Und das Orakel gab folgende Antwort: Dein Name wird zusammen mit der Erinnerung an deine Taten in die Geschichte eingehen und noch in der fernsten Zukunft bekannt sein. Dies ist eine sehr prophetische Antwort und ein hervorragender Beweis für die Provenienz, die Authentizität der Quelle.

Provenienz ist für den Metaphysiker sehr wichtig, weil die direkte Übertragung als machtvollste Form des Wissens betrachtet wird. Durch die Befragung eines uralten ägyptischen Orakels, das direkt aus dem Grab des Vorbesitzers stammte, verschaffte sich Napoleon Zugang zu den magischen Kräften jener geheimnisvollen Zivilisation.

Die Kirchenhoffer-Ausgabe präsentiert das Orakel in einer Version, die 32 Fragen umfasst, zusammen mit einer einleitenden Erklärung über die Bedeutung von Orakeln im Altertum und einer Abhandlung, die als die Schrift des Balaspis („The Writing of Balaspis by Command of Hermes Trismegistus unto the Priests of the Great Temple") bekannt ist. In dieser Abhandlung werden die Priester dazu ermahnt, streng über das Orakel zu wachen und dafür zu sorgen, dass es außer den Priestern kein Sterblicher berührt. Außerdem erhalten sie die Anweisung, nach der Mumifizierung eines Pharaos oder Hohepriesters stets eine Abschrift des Orakels über der linken Brust der Mumie zu befestigen. Durch Hinzufügen dieser Informationen mag Kirchenhoffer versucht haben, die authentische Herkunft des Orakels zu beweisen und diejenigen eines Besseren zu belehren, die ihn der Fälschung bezichtigen könnten.

Eine geringfügig abweichende Version des Orakels wurde erstmals im Jahre 1835 in Europa veröffentlicht. Dieses Buch enthielt zwei Versionen, ein 32 und ein 16 Fragen umfassendes Orakel sowie zusätzliches Material über Wahrsagen, Handlesen, die Deutung von Omen und andere Methoden der Weissagung. Die in dieser Version enthaltenen Antworten sind praktisch identisch mit denen der Kirchenhoffer-Ausgabe.

Die vorliegende Ausgabe ist eine originalgetreue Reproduktion der 1890 erschienenen Luxusedition dieses Orakels.

Authentizität

Mancher Leser wird zweifellos die Frage stellen: Ist das Orakel echt? Die okkulte Tradition bestätigt dies. Denn Christine Hartley war davon überzeugt, dass das Orakel aus dem alten Ägypten stammt.

Dass Napoleon ein solches Orakel besaß und es häufig befragte, scheint zweifelsfrei festzustehen. Wenn man H. Kirchenhoffer glauben kann, dann enthielt das von ihm übersetzte Manuskript handschriftliche Notizen des Kaisers. Man müsste also eher die Frage stellen, ob das Orakel wirklich aus einer alten ägyptischen Quelle stammt oder ob es sich um ein moderneres Orakel handelt. Die Fragen, die es beantwortet, wären wahrscheinlich für einen ägyptischen Pharao ebenso relevant gewesen wie für den Kaiser von Frankreich – oder deren Untertanen –, obwohl manches darauf hinweist, dass sie eher in die politische Landschaft der Französischen Revolution passen.

Viele Artefakte, die in Ägypten an Reisende verkauft wurden, waren (und sind) zweifellos Fälschungen, wir sprechen jedoch von einer Zeit lange vor dem Massentourismus.

Es könnte natürlich sein, dass einer der Gefolgsleute des Kaisers, der dessen Interesse an solchen Dingen kannte, ein gefälschtes Orakel gekauft und seine Herkunft verschleiert hat. Doch M. Sonnini, der das Orakel angeblich fand, war ein hoch angesehener Gelehrter und Kenner der Materie. Dass er die Papyrusrolle im offiziellen Bericht über die Expedition unerwähnt ließ, könnte mit Napoleons Wunsch nach absoluter Geheimhaltung erklärt werden.

Der Hinweis, dass zum damaligen Zeitpunkt niemand in der Lage war, Hieroglyphen zu übersetzen, ist natürlich nicht von der Hand zu weisen, nahm doch bereits die Entzifferung des Rosetta-Steins über zwanzig Jahre in Anspruch. Doch esoterisches Wissen wird im Geheimen weitergegeben und die Kopten übernahmen eine Menge esoterisches Material von ihren pharaonischen Vorfahren. Es ist durchaus möglich, dass die Fähigkeit, Hieroglyphen zu lesen, von Generation zu Generation überliefert wurde. Jedenfalls machte sich Champollior das Wissen der Kopten zu Nutze, um den Rosetta-Stein zu entziffern. Die koptische Liturgie, die auf dem Rosetta-Stein allerdings in altgriechischer Schrift auftaucht, hat eine starke Ähnlichkeit mit der altägyptischen und es gab fließende Übergänge zwischen diesen beiden Religionen. Die koptischen Priester hüteten viele esoterische Geheimnisse.

Das Orakel weist bestimmte Ähnlichkeiten mit anderen Orakeln auf, von denen wir wissen, dass sie sehr alt sind, wie beispielsweise das I-Ging. Diese Methoden der Weissagung funktionieren im Prinzip wie ein Computer. Wie dieser basieren sie auf dem binären System und es scheint kein Zufall zu sein, dass die Anzahl der möglichen Antworten des Orakels – 1024 – exakt der Anzahl der Bytes eines Kilobytes entspricht, der von Computerprogrammierern benutzten Einheit. Es kann auch sein, dass das zur Ermittlung der Antworten benutzte Punktesystem zur Entwicklung des Dominospiels führte. Das verschlüsselte Wissen in ägyptischen Dominosteinen mag vielleicht verloren gegangen sein, aber diese Spiele wurden traditionell zum Wahrsagen benutzt, und ihre Bedeutungen stehen in enger Beziehung zu den Fragen des Orakels. Man fand Dominospiele in ägyptischen Gräbern und auch heute noch ist dieses Spiel in Ägypten äußerst beliebt. Es wird mit großer Begeisterung in den Seitengassen von Luxor gespielt, nahe bei jenem angeblichen Fundort der Papyrusrolle.

Schicksal und Bestimmung

Napoleon hatte großes Interesse an Orakeln und Prophezeiungen. Seine korsische Herkunft mag dazu beigetragen haben, dass er an Schicksal und Bestimmung glaubte, die, wie sein Vater es ausdrückte, „im Himmel geschrieben stehen". Hätte Napoleon weiterhin den Rat des Orakels befolgt, wären ihm wahrscheinlich jene Entwicklungen erspart geblieben, die ihn ins Exil und schließlich zu seinem Tode führten. Er war zutiefst abergläubisch und war überzeugt davon, dass seine erste Frau Joséphine ihm Glück bringen würde, doch sein Ehrgeiz zwang ihn, sie zu Gunsten einer Dame aus höherem Stande zu verlassen.

Joséphine war eine Kreolin aus Martinique, einer Insel, auf der Voodoo und magische Künste florierten. Vor ihrer Reise nach Frankreich und ihrer ersten Heirat ließ sie sich die Zukunft vorhersagen. Man versicherte ihr, dass sie sehr jung heiraten würde (sie war fünfzehn bei der Eheschließung), dass sie unglücklich sein würde (das war sie), dass sie Witwe würde (sie wurde zwei Mal geschieden) und dass sie später einmal „mehr als die Königin von Frankreich" sein würde (sie wurde Kaiserin). Joséphine selbst verstand sich auf das Kartenlesen und sagte zumindest einen von Napoleons Siegen korrekt voraus. Es ist durchaus möglich, dass sowohl sie als auch Napoleon medial begabt waren. Kurz vor seinem Tode hatte der Kaiser die Vision, dass Joséphine, die zu diesem Zeitpunkt bereits tot war, sich mit ihm treffen wolle.

Die Fragen

Da die Fragen und Antworten in der Originalübersetzung des Orakels die Sprache des frühen 19. Jahrhunderts widerspiegeln, wurden sie ein wenig an unseren modernen Sprachstil angepasst, um sie leichter verständlich zu machen, ohne den ursprünglichen Sinn zu verfälschen.

Die 32 Fragen sind spezifisch und doch umfassend. Sie beziehen sich auf die immer wiederkehrenden Themen der Menschen: Liebe, Glück, Karriere und Gesundheit …

Wenn Sie sich etwas Zeit nehmen, um Ihre Fragen in Ruhe zu formulieren, wird es Ihnen leichter fallen, sich mit dem Orakel zu verbinden und auf Ihre eigene innere Führung einzustimmen. Ihre Fragen werden dann auch präziser und klarer sein. Stellen Sie eine Frage, die den Kern der Angelegenheit berührt, die Sie verstehen wollen. Die Erfahrung hat gezeigt, dass man ein oder zwei Worte einer Frage durch andere ersetzen kann und dennoch die benötigte Führung erhält. Sie können auch eine Frage wählen, die Ihrem Anliegen nicht wörtlich entspricht, aber das gleiche Thema zum Inhalt hat. Fühlen Sie sich beispielsweise durch Ihre gegenwärtige Situation in Ihrer Entwicklung eingeschränkt, könnten Sie Frage Nummer 2 stellen: Wird der Gefangene befreit oder bleibt er weiterhin in Gefangenschaft? Darauf erhalten Sie möglicherweise die Antwort: Der Gefesselte wird bald frei sein. Dann wissen Sie, dass die Einschränkung, unter der Sie gegenwärtig leiden, bald nicht mehr bestehen wird und dass Sie wieder Fortschritte machen können.

Manchmal steckt hinter der vordergründigen Bedeutung einer Antwort eine viel tiefere Einsicht, als auf den ersten Blick ersichtlich ist. Bei Frage 25 geht es darum, ob der Patient sich von seiner Krankheit erholen wird. Krankheit kann sich jedoch auf der physischen, emotionalen oder mentalen Ebene manifestieren. Stress und Anspannung können bestimmte Symptome auslösen und somit die tiefere Ursache einer Krankheit sein. Als eine Frau einmal Frage 25 stellte, war sie sehr überrascht, als sie folgende Antwort erhielt: Damit der Patient genesen kann, muss er durch Gespräche mit den Menschen, die ihm am Herzen liegen, bei guter Laune gehalten werden. Im ersten Moment dachte sie, sie habe eine sinnlose Antwort erhalten, doch als sie darüber nachdachte, wurde ihr bewusst, dass ihr Gesundheitszustand tatsächlich Ausdruck der Schwierigkeiten war, die sie zu jener Zeit in der Beziehung zu ihrem Partner erlebte. Dieser hatte sich von ihr zurückgezogen und wirkte distanziert und kalt. Sie nahm an, dass er sie nicht mehr liebte, und entwickelte psychosomatische Symptome. Als sie später mit ihrem Partner über die Situation sprach, stellte sich heraus, dass er selbst eine depressive Phase durchgemacht und sich deshalb zurückgezogen hatte. Da sie nun sicher war, dass er sie noch liebte, konnte sie ihm viel Unterstützung geben. Ihre körperlichen Symptome verschwanden vollkommen.

Alternativen zu den Originalfragen

Manche Fragen sind sehr spezifisch, andere können auf verschiedene Situationen angewandt werden. Es folgen einige Fragen, auf die dies zutrifft; die alternativen Interpretationen sind kursiv gedruckt.

FRAGE 1: Informiere mich über alle Einzelheiten, die im Zusammenhang mit der Frau, die ich heiraten werde, wichtig sind.
Woran werde ich die Frau erkennen, die ich heiraten werde?
Gibt es etwas, das ich über meine zukünftige Frau wissen sollte?
Gibt es etwas, das ich über meine zukünftige Partnerin noch nicht weiß?

FRAGE 2: Wird der Gefangene befreit oder bleibt er weiterhin in Gefangenschaft?
Wird sich meine Situation ändern?
Werden die Einschränkungen, die mich behindern, aufgehoben?
Wird es in meinem Leben bald wieder vorangehen?
Gibt es eine Möglichkeit, dieses Hindernis zu umgehen?

FRAGE 3: Werde ich ein hohes Alter erreichen?
Gibt es potenzielle Probleme in Bezug auf meine Gesundheit?
Sollte ich jetzt anfangen, mich um meine Altersvorsorge zu kümmern?

FRAGE 4: Werde ich weit über Land oder Wasser reisen oder im Ausland leben?
Soll ich eine Fernreise unternehmen?
Wäre es günstig für mich, im Ausland zu leben?

FRAGE 5: Werde ich in einen Rechtsstreit verwickelt, und wenn ja, werde ich ihn gewinnen oder verlieren?
Soll ich Schadensersatz verlangen?
Habe ich Anspruch auf eine Abfindung?

FRAGE 6: Wird mir das Glücksspiel Gewinn oder Verlust bringen?
Werde ich von diesem Geschäft profitieren?
Ist das ein guter Kauf?

FRAGE 7: Werde ich ein Vermögen haben, wenn ich mich aus dem Geschäftsleben zurückziehe?
Ist diese Art der Altersvorsorge die beste für mich?
Wird meine Karriere erfolgreich verlaufen?

FRAGE 8: Werde ich Anerkennung finden und für meine Ziele Unterstützung erhalten?
Wird sich dieser Job günstig auf meine weitere Karriere auswirken?
Habe ich hilfreiche Freunde, auf die ich zählen kann?

FRAGE 9: Werden meine derzeitigen Bemühungen von Erfolg gekrönt sein?
Ist das ein guter Schachzug?
Welche Vorgehensweise ist die beste?
Ist dies ein günstiger Zeitpunkt, um ein Haus zu kaufen?

FRAGE 12: Wird mein Name unsterblich werden und wird die Nachwelt ihn rühmen?
Wird diese Idee die Zukunft der Menschheit beeinflussen?
Ist diese Handlungsweise ethisch vertretbar?
Ist mein Projekt erfolgversprechend?

FRAGE 13: Wird sich der Freund, auf den ich am meisten zähle, als vertrauenswürdig oder als Verräter erweisen?
Kann ich mich auf diese Information verlassen?

FRAGE 16: Wird der Fremde bald aus dem Ausland zurückkehren?
Werden mein Liebster oder meine Liebste und ich wieder zusammen kommen?

FRAGE 28: Werde ich jemals einen Schatz finden?
Schlummert in mir ein verborgenes Potenzial?
Werde ich in der Lotterie gewinnen?

Werde ich das perfekte Haus finden?
Werde ich das richtige Geschenk finden?
Werde ich das richtige Kleid finden?

FRAGE 30: Habe ich einen Feind oder sogar mehrere Feinde?
Gibt es verborgene Kräfte, die gegen mich arbeiten?
Kann ich dieser Person vertrauen?

DIE ANTWORTEN

Obwohl die Sprache des Orakels in dieser Ausgabe modernisiert wurde, wirken manche Antworten vielleicht immer noch etwas seltsam. Bei einigen handelt es sich um Sprichwörter, die im Lexikon folgendermaßen definiert werden: „Ein kurzer Satz, der eine wohl bekannte Wahrheit ausdrückt" und „eine rätselhafte Maxime". In früheren Zeiten waren die Antworten eines Orakels meistens rätselhaft und einige scheinen es auf den ersten Blick auch heute noch zu sein. Dennoch sind diese Antworten von Bedeutung, wie man leicht feststellen kann, wenn man über die reine Aussage hinausgeht und diese weitsichtig interpretiert. Versuchen Sie, die Stimmung oder das Gefühl einzufangen, das durch eine bestimmte Antwort vermittelt wird, anstatt sich an die wortwörtliche Bedeutung zu klammern. Wenn Sie beispielsweise nach einer geeigneten beruflichen Laufbahn fragen und das Orakel Ihnen antwortet, dass Sie Kaufmann werden können, Sie aber gleichzeitig davor warnt, Ihre Seele zu verkaufen, so bedeutet das nicht unbedingt, dass Sie tatsächlich Händler oder Verkäufer werden sollen. Das Orakel rät Ihnen vielmehr, eine Tätigkeit auszuüben, die Sie von ganzem Herzen tun können, anstatt einen Job anzunehmen, der Ihnen vielleicht ein hohes Gehalt garantiert, aber Ihren ethischen Grundsätzen zuwiderläuft. Oder einen, bei dem Sie das Gefühl haben, von Ihrem Arbeitgeber wie ein Leibeigener behandelt zu werden, denn Sie würden für den materiellen Gewinn letztendlich einen unverhältnismäßig hohen Preis zahlen. Sie könnten auch zu dem Schluss kommen, dass Sie im Verkauf oder Handel am richtigen Platz sind – doch anstatt Produkte zu vertreiben, von denen Sie selbst wenig überzeugt sind, entscheiden Sie sich vielleicht dafür, mit Dingen zu handeln, die anderen Menschen echten Nutzen bringen. Auch die Antwort, Ihre berufliche Tätigkeit sollte etwas mit einem Pflug zu tun haben, bedeutet nicht unbedingt, dass Sie hierbei nur an die Landwirtschaft denken müssen – es sei denn, Sie spielen mit dem Gedanken, biologischen Ackerbau zu betreiben. Es kommen auch alle anderen Berufszweige in Frage, in denen man mit Nahrungsmitteln zu tun hat: Produktion, Verpackung, Verteilung, Verkauf und Werbung. Auch die Zubereitung von Nahrung könnte gemeint sein: Ein Küchenchef ist letztendlich auch mit einem Pflug verbunden. Aber auch der Lieferant feiner Weine, der Hotelier und der Barmixer haben Verbindungen zur Landwirtschaft. Blumenzucht und Gartenbau fallen ebenfalls in diese Kategorie, Sie könnten sich also auch für den Beruf des Gartengestalters entscheiden oder traditioneller Gärtner werden. Es ist wichtig, bei der Interpretation der Antworten flexibel zu sein.

Auch im Altertum waren die Antworten von Orakeln meistens etwas undurchsichtig und vage – Zyniker würden vielleicht sagen, das sei durchaus im Sinne der Priester gewesen, die später behaupten konnten, sie seien falsch interpretiert worden.

Die Ratschläge, die „Napoleons altägyptisches Orakel" erteilt, sind von bemerkenswerter Klarheit. Zwar erscheinen manche Antworten, wie wir gesehen haben, auf den ersten Blick unverständlich, aber tatsächlich weisen sie stets auf ein tieferes Verständnis der Situation hin. Ein paar Antworten wirken ganz besonders obskur, doch auch hinter ihnen steckt – wie wir bei genauerer Betrachtung erkennen – eine bestimmte Logik.

Erhalten Sie auf Ihre Frage, welchen Beruf Sie ergreifen könnten, die Antwort, Sie sollten, wenn Sie Kohl mögen, die Nadel zur Hand nehmen, wird Ihnen diese Antwort bestimmt äußerst merkwürdig vorkommen. Vielleicht ist nicht sofort offensichtlich, was eine Vorliebe für Kohl mit einer Nadel zu tun hat, aber der zweite Teil der Antwort ist eindeutig genug. Da Kohl eine ausgezeichnete Quelle für die Vitamine A, B und C darstellt und zusätzlich viele wichtige Mineralien und essenzielle Aminosäuren enthält, könnte es sein, dass eine Vorliebe für Kohl auf gute Sehkraft hinweist. Im alten Ägypten gab man Schreibern und Malern aus diesem Grund viel Kohl zu essen, der traditionell als Heilmittel für Augenkrankheiten verwendet wurde. Diese Pflanze war den alten Ägyptern heilig und man glaubte unter anderem, dass sie vor Trunkenheit schützen würde, wenn man sie vor einem großen Trinkgelage zu sich nahm. Es versteht sich von selbst, dass derjenige, dessen Hände am Morgen nach einer durchzechten Nacht zitterten, möglichst nicht mit spitzen Instrumenten arbeiten sollte. Man war überzeugt, dass diejenigen, die mit Hilfe von Kohlgemüse einen Rausch und den darauf folgenden Kater zu vermeiden suchten, eine ruhige Hand behalten würden.

Bei den alten Römern, die auf medizinischem Gebiet einiges von den Ägyptern lernten, galt Kohl als wirksamstes Mittel gegen den Kater. Tatsächlich hat diese Pflanze eine ausgezeichnete entgiftende Wirkung und unterstützt die Leberfunktion.

Interessanterweise wird Kohl in Frankreich als die Medizin des armen Mannes bezeichnet und von jeher als eine Art Allheilmittel betrachtet. Jemanden einen Kohlkopf zu nennen, ist in Frankreich keine Beleidigung wie in Deutschland, Amerika und England. Für den Franzosen ist ein Kohlkopf eine Person von hoher Intelligenz.

Falls Sie also Kohl mögen, könnten Sie in Erwägung ziehen, Akupunkteur, Graveur, Arzt, Krankenschwester oder -pfleger, Discjockey oder Tätowierkünstler zu werden, denn all diese Berufe haben mit einer Nadel zu tun. Auch eine Anstellung in der Mode- oder Schuhindustrie könnte für Sie das Richtige sein.

Die Antworten eines Orakels können auch frühzeitig vor Gefahren warnen. Wenn Sie fragen, ob Sie ein hohes Alter erreichen können, und zur Antwort erhalten, dass Sie alles vermeiden sollten, was zu vorzeitigem körperlichem Verfall führen könnte, ist es ratsam, sich einmal Gedanken über eine gesunde Ernährung und Lebensweise zu machen. Erhalten Sie auf die Frage, ob der Mensch, den Sie lieben, Sie ebenfalls liebt, die Antwort, dass er nicht unbedingt aufrichtig ist und nicht meint, was er sagt, wäre es sicher klug, nicht alle Hoffnungen in diese Person zu setzen, bis die Zeit gezeigt hat, ob die Antwort des Orakels der Wahrheit entspricht.

Eine Antwort, die auf den nahenden Tod hinweist, kann natürlich große Besorgnis beim Fragenden auslösen. Doch wie beim Tarot weist Tod in der Sprache des Orakels in der Regel eher auf das Ende einer Sache – einer Beziehung oder Situation – hin als auf den physischen Tod. Aber auch wenn der physische Tod gemeint sein sollte, kann eine solche Antwort dazu beitragen, dass der Fragende die verbleibende Zeit nutzt, um sich vorzubereiten und alles Notwendige zu regeln. Vielleicht gibt es Dinge, die noch ausgesprochen oder getan werden müssen. Wir dürfen allerdings nie vergessen, dass die Zukunft nicht absolut festgelegt ist und dass sich die Dinge ungeachtet einer bestimmten Aussage des Orakels immer wieder ändern können, wenn wir unser Verhalten oder unsere Einstellung entsprechend ändern. Eine rechtzeitige Warnung könnte Ihnen also helfen, alle notwendigen Schritte zur Erhaltung Ihrer Gesundheit zu unternehmen und Sie sogar dazu bringen, unkonventionelle Heilmethoden auszuprobieren.

WIE MAN DAS ORAKEL BEFRAGT

Die Anwendung

Die Befragung des Orakels ist ganz unkompliziert. Suchen Sie aus den Fragen auf den Seiten 34 bis 35 diejenige heraus, die Ihr Anliegen am genauesten ausdrückt. Dadurch wird das Orakel in Gang gesetzt. Indem Sie sich dann auf diese Frage konzentrieren, sammeln Sie sich und nehmen Verbindung zu Ihrer eigenen Intuition auf, die Ihre Hand führt und die Antwort zu Ihnen lenkt.

Wählen Sie aus den nummerierten Fragen auf den Seiten 34 bis 35 Ihre Frage aus.

Konzentrieren Sie sich auf Ihre Frage.

Machen Sie, ohne zu zählen, auf einem Blatt Papier eine Reihe vertikaler Striche (mindestens zwölf).

Nun machen Sie vier weitere Reihen vertikaler Striche (eine unter der anderen).

Zählen Sie die Striche jeder einzelnen Reihe. Ist die Summe eine ungerade Zahl, machen Sie einen großen Punkt rechts neben die betreffende Reihe. Ergibt sich eine gerade Zahl, machen Sie zwei große Punkte neben die entsprechende Reihe.

Suchen Sie jetzt im Lösungsschlüssel des Orakels (Seiten 36 bis 37) Ihr Punktmuster heraus und schlagen Sie den Teil mit den Antworten auf (Seiten 38 bis 101).

Beispiel:

1. Suchen Sie aus der Liste der Fragen Ihre Frage heraus und notieren Sie sich die Nummer: In diesem Fall wird Frage Nummer 20 gewählt.

---

19. Werden meine Kinder nach meinem Tode auf dem Pfad der Tugend bleiben und glücklich sein?

20. Werde ich mich je von meinen gegenwärtigen Problemen erholen?

21. Weist mein Traum auf Glück oder Gefahr hin?

---

2. Konzentrieren Sie sich auf Ihre Frage.

3. Machen Sie, ohne zu zählen, auf dem Blatt Papier eine Reihe vertikaler Striche (mindestens 12).

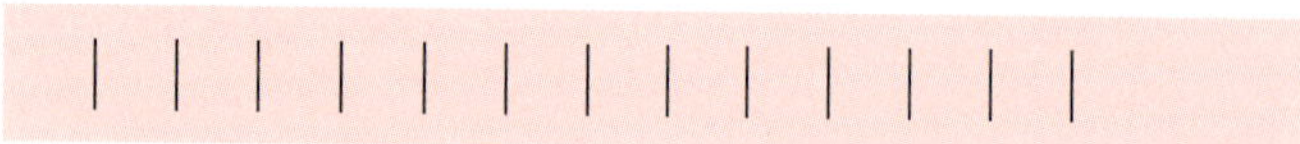

Machen Sie darunter vier weitere Reihen vertikaler Striche:

4. Zählen Sie die Striche jeder einzelnen Reihe zusammen. Ergibt sich eine gerade Zahl, machen Sie neben die betreffende Reihe zwei Punkte. • • Bei einer ungeraden Zahl machen Sie einen Punkt neben die Reihe. •
So erhalten Sie ein Punktmuster, das sich aus fünf Reihen von Punkten zusammensetzt:

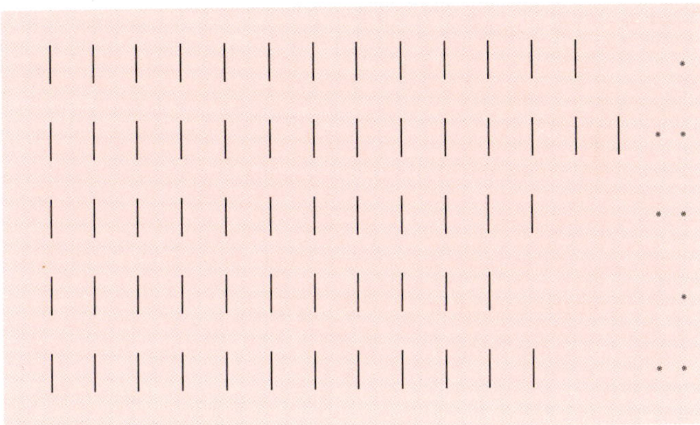

5. Suchen Sie nun im Lösungsschlüssel des Orakels (Seiten 36 bis 37) anhand des Punktmusters und der Nummer Ihrer Frage den entsprechenden Buchstaben oder das entsprechende Symbol heraus.

6. Suchen Sie dann auf den Seiten 38 bis 101 Ihr Punktmuster und den ermittelten Buchstaben oder das Symbol. So erhalten Sie die Antwort auf Ihre Frage.

Fragen																
	**	*	*	*	*	**	**	**	**	**	**	**	**	**	*	**
	**	**	*	**	**	*	*	**	**	*	**	*	**	**	**	**
	**	**	**	*	**	*	**	*	*	**	**	**	*	**	**	**
	*	**	**	**	*	**	*	*	**	**	**	**	**	*	**	**
	*	*	**	**	**	**	**	**	*	*	*	**	**	**	**	**
14	‖	∞	§	A	B	C	D	E	F	G	H	I	J	K	L	M
15	∞	§	A	B	C	D	E	F	G	H	I	J	K	L	M	N
16	§	A	B	C	D	E	F	G	H	I	J	K	L	M	N	O
17	A	B	C	D	E	F	G	H	I	J	K	L	M	N	O	P
18	B	C	D	E	F	G	H	I	J	K	L	M	N	O	P	Q
19	C	D	E	F	G	H	I	J	K	L	M	N	O	P	Q	R
20	D	E	F	G	H	I	J	K	L	M	N	O	P	Q	R	S
21	E	F	G	H	I	J	K	L	M	N	O	P	Q	R	S	T
22	F	G	H	I	J	K	L	M	N	O	P	Q	R	S	T	U
23	G	H	I	J	K	L	M	N	O	P	Q	R	S	T	U	V
24	H	I	J	K	L	M	N	O	P	Q	R	S	T	U	V	W

H

Aufgrund deiner Heirat werden dich Menschen deines eigenen Geschlechts beneiden.

Sei besonnen und höflich im Umgang mit allen Menschen, und die Pfeile übler Nachrede werden stumpf sein, bevor sie dich erreichen.

Es ist dir bestimmt, viele Veränderungen zu erleben.

Du träumst von einer Hochzeit, die bald stattfinden wird.

Gib Acht, dass deine Probleme dich nicht in die Trunksucht treiben. Wenn das geschieht, wirst du sie nie bewältigen.

Sei bei der Erziehung deines Nachwuchses konsequent, aber nicht zu streng. Versäume keine Gelegenheit, deinen Kindern in allen Dingen zu tieferem Verständnis zu verhelfen, und sie werden dich in ihrem vollkommenen Glück segnen.

Die Antwort des Orakels kann durchaus eine Warnung enthalten, die sich auf Ihr zukünftiges Verhalten oder irgendein Hindernis bezieht. Solche Warnungen auszusprechen, gehört zur Aufgabe des Orakels. Wenn Sie vorgewarnt sind, können Sie auf eine Weise handeln, die dazu beiträgt, Ihre Zukunft positiv zu gestalten.

Das Orakel weist auch darauf hin, dass man nicht zwei Fragen am selben Tag stellen sollte und dass das Orakel im Laufe eines Monats nicht mehrfach zum selben Thema befragt werden soll. In der Kirchenhoffer-Ausgabe betont der Autor, dass bei Mondschein gestellte Fragen wahrscheinlich ganz besonders präzise beantwortet werden. Er nennt auch bestimmte Daten, die für eine Befragung des Orakels nicht so günstig sein sollen.

NAPOLEONS ALTÄGYPTISCHES ORAKEL

Die Fragen

1. Informiere mich über alle Einzelheiten, die im Zusammenhang mit der Frau, die ich heiraten werde, wichtig sind.

2. Wird der Gefangene befreit oder bleibt er weiterhin in Gefangenschaft?

3. Werde ich ein hohes Alter erreichen?

4. Werde ich weit über Land oder Wasser reisen oder im Ausland leben?

5. Werde ich in einen Rechtsstreit verwickelt, und wenn ja, werde ich ihn gewinnen oder verlieren?

6. Wird mir das Glücksspiel Gewinn oder Verlust bringen?

7. Werde ich ein Vermögen haben, wenn ich mich aus dem Geschäftsleben zurückziehe?

8. Werde ich Anerkennung finden und für meine Ziele Unterstützung erhalten?

9. Werden meine derzeitigen Bemühungen von Erfolg gekrönt sein?

10. Werde ich je eine Erbschaft machen?

11. Werde ich in diesem Jahr glücklicher sein als im vergangenen?

12. Wird mein Name unsterblich werden und wird die Nachwelt ihn rühmen?

13. Wird sich der Freund, auf den ich am meisten zähle, als vertrauenswürdig oder als Verräter erweisen?

14. Wird das gestohlene Eigentum zurückerlangt werden, und wird man den Dieb ausfindig machen?

15. Welche allgemeinen und welche politischen Veränderungen stehen bevor?

16. Wird der Fremde bald aus dem Ausland zurückkehren?

17. Wird mein Liebster oder meine Liebste mir während meiner Abwesenheit treu sein?

18. Wird die bevorstehende Heirat zu einer Ehe in Glück und Wohlstand führen?

19. Werden meine Kinder nach meinem Tod auf dem Pfad der Tugend bleiben und glücklich sein?

20. Werde ich mich je von meinen gegenwärtigen Problemen erholen?

21. Weist mein Traum auf Glück oder Gefahr hin?

22. Werde ich in diesem Leben mit großen Schwierigkeiten konfrontiert?

23. Wird mein Ruf von übler Nachrede betroffen oder gar geschädigt?

24. Informiere mich über alle Einzelheiten, die mit meinem zukünftigen Ehemann in Zusammenhang stehen.

25. Wird der Patient sich von der Krankheit erholen?

26. Werde ich von dem Menschen, den ich liebe, ebenfalls geliebt und geachtet?

27. Wird meine geplante Reise ein Erfolg oder Misserfolg?

28. Werde ich jemals einen Schatz finden?

29. Welches Gewerbe sollte ich wählen oder welchen Beruf ausüben?

30. Habe ich einen Feind oder sogar mehrere Feinde?

31. Sind abwesende Freunde gesund, und womit sind sie derzeit beschäftigt?

32. Wird meine Frau einen Sohn oder eine Tochter bekommen?

Lösungsschlüssel des Orakels

Fragen	* * * * *	** * * * *	* ** * * *	* * ** * *	* * * ** *	* * * * **	** ** * * *	* ** ** * *	* * ** ** *	* * * ** **	* * ** * **	* ** * ** *	** * ** * *	* ** * * **	** * * ** *	** * * * **
1	A	B	C	D	E	F	G	H	I	J	K	L	M	N	O	P
2	B	C	D	E	F	G	H	I	J	K	L	M	N	O	P	Q
3	C	D	E	F	G	H	I	J	K	L	M	N	O	P	Q	R
4	D	E	F	G	H	I	J	K	L	M	N	O	P	Q	R	S
5	E	F	G	H	I	J	K	L	M	N	O	P	Q	R	S	T
6	F	G	H	I	J	K	L	M	N	O	P	Q	R	S	T	U
7	G	H	I	J	K	L	M	N	O	P	Q	R	S	T	U	V
8	H	I	J	K	L	M	N	O	P	Q	R	S	T	U	V	W
9	I	J	K	L	M	N	O	P	Q	R	S	T	U	V	W	X
10	J	K	L	M	N	O	P	Q	R	S	T	U	V	W	X	Y
11	K	L	M	N	O	P	Q	R	S	T	U	V	W	X	Y	Z
12	L	M	N	O	P	Q	R	S	T	U	V	W	X	Y	Z	*
13	M	N	O	P	Q	R	S	T	U	V	W	X	Y	Z	*	◊
14	N	O	P	Q	R	S	T	U	V	W	X	Y	Z	*	◊	‡
15	O	P	Q	R	S	T	U	V	W	X	Y	Z	*	◊	‡	‖
16	P	Q	R	S	T	U	V	W	X	Y	Z	*	◊	‡	‖	∞
17	Q	R	S	T	U	V	W	X	Y	Z	*	◊	‡	‖	∞	§
18	R	S	T	U	V	W	X	Y	Z	*	◊	‡	‖	∞	§	A
19	S	T	U	V	W	X	Y	Z	*	◊	‡	‖	∞	§	A	B
20	T	U	V	W	X	Y	Z	*	◊	‡	‖	∞	§	A	B	C
21	U	V	W	X	Y	Z	*	◊	‡	‖	∞	§	A	B	C	D
22	V	W	X	Y	Z	*	◊	‡	‖	∞	§	A	B	C	D	E
23	W	X	Y	Z	*	◊	‡	‖	∞	§	A	B	C	D	E	F
24	X	Y	Z	*	◊	‡	‖	∞	§	A	B	C	D	E	F	G
25	Y	Z	*	◊	‡	‖	∞	§	A	B	C	D	E	F	G	H
26	Z	*	◊	‡	‖	∞	§	A	B	C	D	E	F	G	H	I
27	*	◊	‡	‖	∞	§	A	B	C	D	E	F	G	H	I	J
28	◊	‡	‖	∞	§	A	B	C	D	E	F	G	H	I	J	K
29	‡	‖	∞	§	A	B	C	D	E	F	G	H	I	J	K	L
30	‖	∞	§	A	B	C	D	E	F	G	H	I	J	K	L	M
31	∞	§	A	B	C	D	E	F	G	H	I	J	K	L	M	N
32	§	A	B	C	D	E	F	G	H	I	J	K	L	M	N	O

Lösungsschlüssel des Orakels

Fragen	** ** ** * *	* ** ** ** *	* * ** ** **	* ** * ** **	* ** ** * **	** * * ** **	** * ** * **	** ** * * **	** ** * ** *	** * ** ** *	** ** ** ** *	** * ** ** **	** ** * ** **	** ** ** * **	* ** ** ** **	** ** ** ** **
1	Q	R	S	T	U	V	W	X	Y	Z	*	◊	‡	‖	∞	§
2	R	S	T	U	V	W	X	Y	Z	*	◊	‡	‖	∞	§	A
3	S	T	U	V	W	X	Y	Z	*	◊	‡	‖	∞	§	A	B
4	T	U	V	W	X	Y	Z	*	◊	‡	‖	∞	§	A	B	C
5	U	V	W	X	Y	Z	*	◊	‡	‖	∞	§	A	B	C	D
6	V	W	X	Y	Z	*	◊	‡	‖	∞	§	A	B	C	D	E
7	W	X	Y	Z	*	◊	‡	‖	∞	§	A	B	C	D	E	F
8	X	Y	Z	*	◊	‡	‖	∞	§	A	B	C	D	E	F	G
9	Y	Z	*	◊	‡	‖	∞	§	A	B	C	D	E	F	G	H
10	Z	*	◊	‡	‖	∞	§	A	B	C	D	E	F	G	H	I
11	*	◊	‡	‖	∞	§	A	B	C	D	E	F	G	H	I	J
12	◊	‡	‖	∞	§	A	B	C	D	E	F	G	H	I	J	K
13	‡	‖	∞	§	A	B	C	D	E	F	G	H	I	J	K	L
14	‖	∞	§	A	B	C	D	E	F	G	H	I	J	K	L	M
15	∞	§	A	B	C	D	E	F	G	H	I	J	K	L	M	N
16	§	A	B	C	D	E	F	G	H	I	J	K	L	M	N	O
17	A	B	C	D	E	F	G	H	I	J	K	L	M	N	O	P
18	B	C	D	E	F	G	H	I	J	K	L	M	N	O	P	Q
19	C	D	E	F	G	H	I	J	K	L	M	N	O	P	Q	R
20	D	E	F	G	H	I	J	K	L	M	N	O	P	Q	R	S
21	E	F	G	H	I	J	K	L	M	N	O	P	Q	R	S	T
22	F	G	H	I	J	K	L	M	N	O	P	Q	R	S	T	U
23	G	H	I	J	K	L	M	N	O	P	Q	R	S	T	U	V
24	H	I	J	K	L	M	N	O	P	Q	R	S	T	U	V	W
25	I	J	K	L	M	N	O	P	Q	R	S	T	U	V	W	X
26	J	K	L	M	N	O	P	Q	R	S	T	U	V	W	X	Y
27	K	L	M	N	O	P	Q	R	S	T	U	V	W	X	Y	Z
28	L	M	N	O	P	Q	R	S	T	U	V	W	X	Y	Z	*
29	M	N	O	P	Q	R	S	T	U	V	W	X	Y	Z	*	◊
30	N	O	P	Q	R	S	T	U	V	W	X	Y	Z	*	◊	‡
31	O	P	Q	R	S	T	U	V	W	X	Y	Z	*	◊	‡	‖
32	P	Q	R	S	T	U	V	W	X	Y	Z	*	◊	‡	‖	∞

A

So wie die strahlende Sonne das Licht der Sterne in den Schatten stellt, so wird die Frau, die mit dir das Bett teilt, als die Schönste von allen gelten.

Sie wird Söhne und Töchter bekommen.

Dein Freund ist gesund, er ist in Gedanken bei dir.

Du hast keine Feinde, die dir auf irgendeine Weise schaden könnten.

Wähle, was deiner Begabung am meisten entspricht.

Konzentriere dich nicht auf die Suche nach dem, was verborgen ist, sondern erfülle gewissenhaft deine beruflichen Pflichten.

Wähle rechtschaffene, vertrauenswürdige Gefährten als Begleitung für deine geplante Reise, und dir kann nichts Böses widerfahren.

Verzweifle nicht, deine Liebe wird gebührend erwidert werden.

Folge nicht dem Rat von Unwissenden, die vorgeben, in der Heilkunst bewandert zu sein, sondern wende dich unmittelbar an die Quelle des Wissens.

Dein Ehemann wird dem Ruf zu den Waffen folgen.

Strebe nach der Anerkennung der Rechtschaffenen und kümmere dich nicht um die üble Nachrede der Niederträchtigen.

Oh, Mensch! Sei auf alle Veränderungen gefasst, die das Schicksal bereithält.

Die Vorzeichen sprechen für eine schnelle Heirat.

Obwohl das Glück dir im Moment den Rücken kehrt, wirst du durch deine eigenen Bemühungen schon bald über seine Launen triumphieren.

Kümmere dich sorgfältig um den jungen Baum, dann wird er ausgewachsen gute Früchte tragen.

Lass nicht zu, dass taktlose, aufdringliche Personen, die sich Freunde nennen, das Glück des verheirateten Paares stören.

A

Hüte dich davor, deiner Liebsten oder deinem Liebsten einen berechtigten Anlass zur Unbeständigkeit zu geben.

Die schnelle Rückkehr des Fremden wird durch nichts verhindert.

Das Zepter der Macht wird dem Eroberer entrissen.

Du wirst dein Eigentum unerwartet zurückerhalten.

Wenn du deinen Freund geprüft hast, kannst du ihm wahrhaft vertrauen und ihn wertschätzen.

Wie kannst du erwarten, deinen Mitmenschen in guter Erinnerung zu bleiben, wenn deine Taten von Übel sind!

Verscherze dir dein Glück nicht durch Launenhaftigkeit.

Sonne dich nicht in der Hoffnung, ein Vermögen zu erben, das du dir nicht verdient hast.

Handle besonnen, und du wirst Erfolg haben.

Sei zufrieden mit deinem gegenwärtigen Los.

Das Glück ist denen hold, die mutig und unternehmungslustig sind.

Dein Gegner wird dich bei der erstbesten Gelegenheit betrügen.

Justitia ist blind, aber nicht immer taub, denn in vielen Fällen hört sie gerne das verlockende Klimpern von Gold und Silber.

Vermeide es, das Land von Fremden zu betreten.

So tugendhaft du in der Jugend warst, so wirst du im Alter geachtet und glücklich sein.

Der Gefangene wird schon bald nicht mehr die faulige Luft des Kerkers atmen; möge er seine Freiheit weise nutzen.

B

Die Türen des Kerkers werden sich sehr schnell öffnen.

Betrachte deine gegenwärtige Situation und überlege dir, ob es richtig ist, zu heiraten!

Sie wird einen Sohn bekommen, der viel Reichtum und Ehre erlangen wird.

Deinen Freunden geht es gut, sie sind gerade damit beschäftigt, etwas für dein Wohlergehen zu tun.

Du musst auf der Hut sein.

Wähle das deines reichsten Verwandten.

Wenn du deinen Beruf vernachlässigst, um nach etwas zu suchen, das zu finden nicht in deiner Macht liegt, wirst du Kummer und Enttäuschung erleben.

Erflehe die Hilfe der Vorsehung, bevor du auch nur einen Fuß vor die Tür deines Hauses setzt.

Das Herz deiner Liebsten oder deines Liebsten sehnt sich nach dir.

Wenn dem Patienten die richtigen Medikamente verschrieben werden, wird er mit Sicherheit genesen.

Dein Ehemann wird viele Tugenden, aber auch einige Fehler haben; lehre ihn, letztere zu korrigieren und das Glück wird euch beiden hold sein.

Dein Charakter wird alle negativen Aussagen über dich Lügen strafen.

Bleibe heiter und gelassen in dieser schwierigen Zeit, denn das Glück wird dir schon bald wieder hold sein.

Die Vorzeichen deuten auf eine Vermehrung des Wohlstands hin.

Du wirst deine Schwierigkeiten allmählich überwinden, aber du solltest keine Gelegenheit versäumen, aufrichtig deine eigenen Interessen zu vertreten.

Willst du, dass deine Kinder glücklich sind, dann achte darauf, in deinen Prinzipien und deinem Handeln rechtschaffen zu sein.

B

Falls Probleme auftauchen, trage sie mit innerer Stärke, und du wirst sicher glücklich werden.

Sei standhaft und fürchte dich nicht.

Die unmittelbare Rückkehr des Abwesenden wird durch Angelegenheiten verhindert, die für sein zukünftiges Glück von Bedeutung sind.

Ein mächtiger Eroberer von edler Gesinnung wird aus niederem Stande hervorgehen; er wird die Ketten der Unterdrückten sprengen und die Nationen befreien.

Der Dieb wird auf dem Höhepunkt seiner Karriere gefasst.

Hat dich dein Freund schon einmal hintergangen, dann vertraue ihm kein zweites Mal.

Die Taten des Übeltäters werden von der Nachwelt verflucht werden.

Gib Acht, dass dir Habgier nicht zum Verhängnis wird.

Es könnte sein, dass ein Fremder sein Testament zu deinen Gunsten macht.

Lass dich durch widrige Umstände nicht entmutigen.

Handle rechtschaffen und vertraue für dein Vorankommen auf die Vorsehung.

Wer nichts wagt, der nichts gewinnt!

Verwette nichts auf das Ergebnis eines Spiels, das von anderen gespielt wird.

Gott wird dich in einer guten Sache unterstützen.

Du wirst dein Vermögen nicht in einem fremden Land erwerben.

Am Ende von Ausschweifungen steht ein früher Tod, vermeide dies und lebe lang.

C

Früh zu Bett und früh aus den Federn, das ist das Rezept für Gesundheit, Wohlstand und Weisheit.

Der Gefangene wird schnell freigelassen.

Ein guter Charakter und Treue sind alles, worauf du dich verlassen kannst.

Sie wird eine Tochter bekommen, die alle Tugenden ihrer Mutter erben wird.

Das Haus derer, nach denen du fragst, ist nicht gänzlich von Krankheit verschont geblieben. Sie sagen, sie würden deine Anwesenheit begrüßen.

Du hast einen Feind, der versuchen wird, dir zu schaden.

Trete in die Fußstapfen deiner Eltern.

Verausgabe dich nicht durch dein Verlangen nach dem, was nicht ist.

Bevor du ins Ausland gehst, bring deine Angelegenheiten in Ordnung, und du wirst dein Eigentum in Sicherheit vorfinden, wenn du von deiner Reise zurückkehrst.

Die Liebe, die ihr einander entgegenbringt, wird mit einer glücklichen Ehe belohnt.

Wenn du auf eine rasche Genesung hoffst, folge nicht dem Rat des herumpfuschenden Scharlatans.

Der Mann deines Herzens wird nicht reich sein, aber er wird gut aussehen und dich in jeder Hinsicht zufrieden stellen.

Jeder hat Feinde, aber diejenigen, die dich verleumden, werden sich in ihren eigenen Netzen verfangen.

Wenn du in ein fernes Land reist, wirst du mit vielen Gefahren konfrontiert.

Die Vorzeichen deuten auf Tod unter deinen Feinden hin.

Viele Menschen brechen unter den Belastungen des Lebens zusammen. Gesell dich nicht zu ihnen: gib dein Bestes und es wird dir gut ergehen.

C

Wünschst du deinen Kindern Wohlergehen und Glück, dann lehre sie, schlechte Gesellschaft zu meiden.

Durch diese Heirat wirst du, wenn du besonnen bist, sehr glücklich werden.

Schenke den Anspielungen, dass deine Liebste oder dein Liebster sich als untreu erweisen wird, keinen Glauben.

Der Reisende wird sehr bald in guter Gesundheit zurückkehren.

Die Inselbewohner, die lange Zeit die Meere beherrschten, werden nicht länger Eroberer sein, sondern zu Lehrern der Menschheit werden.

Du solltest dir nicht allzu große Hoffnungen machen, das, was du verloren hast, zurück zu bekommen.

Wenn du siehst, dass der Mensch, den du deinen Freund nennst, andere betrügt, dann mach dir nicht vor, er würde sich dir gegenüber loyal verhalten.

Lass nicht zu, dass dein Streben nach Ruhm dich blind macht für die Bedürfnisse deiner Mitgeschöpfe.

Du wirst glücklicher sein als bisher.

Sei zufrieden mit dem, was du bereits hast.

Fortuna wird ihr Füllhorn über dir ausschütten, wenn du Gerechtigkeit mit Besonnenheit vereinst.

Gib die Hoffnung nicht auf! Verzweifle nie!

Verschwende weder Zeit noch Geld auf die Hoffnung, durch Lotteriespiel zu erhalten, was du durch deine Arbeit bekommen kannst.

Wenn das Geld, das dir zur Verfügung steht, weg ist, dann geh ebenfalls. Borge niemals!

Ein Rechtsstreit wird dir keinen Vorteil bringen, gehe deshalb klug und vorsichtig vor.

In einem fremden Land erwartet dich eine sehr glückliche Ehe.

D

Du wirst über Wasser und über Land reisen müssen.

Ja.

Er wird zumindest von der Herrschaft seiner Feinde befreit werden.

Du wirst mit deinem Partner Glück haben.

Du wirst mit einem Sohn gesegnet sein, der dir, bei richtiger Erziehung, im Alter alle Ehre machen wird.

Dein Freund erfreut sich bester Gesundheit und schreibt zurzeit einen langen Brief an einen Verwandten.

Ein geheimer Feind wird versuchen, dein Glück zu untergraben.

Wähle einen, der dir – mit nur ein bisschen Mühe – ein komfortables Leben bietet.

Dein Unternehmen wird für dich zur Goldgrube, wenn du vorsichtig bist und Zeit investierst.

Du bist auf deiner Reise sicher und wirst ihren Zweck erfüllen.

Deine Liebe wird nicht missachtet.

Der Patient wird genesen, aber diese Krankheit sollte eine Warnung sein, in Zukunft gut auf seine Gesundheit zu achten.

Du wirst einen Mann heiraten, dem große Ehre zuteil wird.

Sieh zu, dass du es verdienst, dass man gut über dich spricht.

Große Veränderungen erwarten den Reisenden.

Die Vorzeichen deuten auf eine Katastrophe unter deinen Widersachern hin.

D

Überlege, ob du nicht selbst der Grund für deine Probleme bist. Wenn ja, solltest du in Zukunft vorsichtiger sein.

Wenn die Moral deiner Kinder durch schlechte Gesellschaft untergraben wird, werden sie mit Sicherheit Leid erfahren.

Verzögere diese Verbindung nicht, denn dadurch würde sich dein Glück verzögern.

Du stehst an erster Stelle im Herzen des Menschen, den du liebst.

Vermeide es, durch Ungeduld auf eine zu schnelle Rückkehr zu drängen.

Da Bildung immer mehr Völker erreicht, werden Menschen aller Schichten und aller Hautfarben frei werden.

Wenn du weder Mühe noch Kosten scheust, könntest du dein verlorenes Eigentum wieder bekommen.

Ehrlichkeit ist das einzige Band wahrer Freundschaft.

Strebe nicht nach Ruhm an der Waffe.

Höchste Glückseligkeit ist den Sterblichen nur sehr selten vergönnt.

Du bist vom Glück begünstigt.

Wäge gut ab, welches das wahrscheinliche Ergebnis deiner gegenwärtigen Absichten ist.

Aufrichtigkeit wird mit Sicherheit zu deinem Aufstieg führen.

Spare die kleinen Münzen. Das große Geld vermehrt sich von selbst.

Verleihe niemals Geld am Spieltisch.

Opfere lieber einen kleinen Betrag, als einen großen durch einen Prozess zu vergeuden.

E

Handle klug, handle gerecht, und belästige nicht die Richter des Landes.

Es wäre unvorsichtig, eine Reise in ein fremdes Land anzutreten.

Manche Menschen sind mit dreißig schon alt. Achte auf deine Gesundheit, und du wirst doppelt und dreifach so alt.

Das Herz des Gefangenen wird erfreut.

Wenn du vorsichtig bist, wirst du eine außerordentlich gute Partie machen.

Deine Frau wird zwei Töchter bekommen, deren Tugend und Schönheit man überall preisen wird.

Deine Freunde feiern gerade ein feuchtfröhliches Fest und wünschen dir Gesundheit und Glück.

Hüte dich vor falschen Freunden!

Wenn du magst, kannst du sogar ein Schild aufhängen und eine Rasur für einen Cent und einen Haarschnitt für zwei Cents anbieten.

Du Fantast! Gaukle dir nicht vor, du könntest Gold und Silber an verborgenen Plätzen finden.

Suche dir Reisegefährten, die sowohl ehrlich als auch tapfer sind.

Mach dir nichts daraus, wenn deine gegenwärtigen Hoffnungen enttäuscht werden.

Der Patient wird seine Gesundheit wiedererlangen.

Du wirst einen Mann von hohem Stande heiraten.

Handle rechtschaffen und spotte so der üblen Nachrede.

Wenn du das Land deiner Vorväter verlässt, musst du dich auf große Veränderungen einstellen.

E

Dein Traum will dir sagen, dass du bei deiner Arbeit gewissenhaft sein sollst.

Die Menschen sind oft ihres eigenen Glückes Schmied. Sei ehrlich und versäume es nicht, jede Gelegenheit zu nutzen, die deine Situation verbessern kann.

Wenn du im Bewusstsein deiner Kinder die Samen des Bösen ausmerzt und die Samen der Tugend einpflanzt, ist ihnen das Glück mit Sicherheit hold.

Überlege gründlich, ob du jetzt heiraten solltest.

Deine Beständigkeit wird angemessen belohnt werden.

Wenn das Ziel erreicht ist, wird der Reisende mit Sicherheit zurückkehren.

Eine Gruppe von Ausgestoßenen wird ihre Ketten sprengen und große Macht erlangen.

Nimm dir den Verlust dieser Sache nicht allzu sehr zu Herzen.

Verlass dich nicht auf diese selbst ernannten Freunde, die dich in deinem Wohlstand umschwirren wie Motten das Licht.

Eine bescheidene Hütte und Zufriedenheit schenken mehr Freude als der königliche Palast eines Umstürzlers.

Sei zufrieden mit deinem Schicksal und es wird keine Zweifel an deinem Glück geben.

Sei zufrieden und überlass den morgigen Tag sich selbst.

Da du auf Erfolg hoffst, solltest du dich anderen gegenüber nicht ungerecht verhalten.

Verspiele deine gegenwärtigen Chancen nicht, indem du einem Phantom nachjagst.

Sei großzügig gegenüber deiner Familie, aber achte im Geschäftsleben auf jeden Cent. Hundert Cent ergeben einen Euro.

Bleibe am Spieltisch absolut ruhig und gelassen.

F

Um Geld kann man spielen, aber gehe nie das Risiko ein, deinen Besitz oder dein Land am Spieltisch zu verlieren.

Du wirst in einen Prozess verwickelt, aber du solltest dich schnell daraus zurückziehen.

Deine Reise wird ein voller Erfolg, aber bleibe nicht länger als nötig im Ausland.

Stehe früh auf, arbeite oder laufe, bevor du etwas isst und hab keine Zweifel.

Der Gefangene wird bald Grund zur Freude haben.

Deine Partnerin wird reich sein, aber auch stolz.

Sie wird einen Sohn bekommen, der sehr begabt ist. Achte aber darauf, dass seine Talente in die richtige Richtung gelenkt werden.

Deine Lieben sind wohlauf; sie genießen das süße Landleben und wünschten, du wärest bei ihnen.

Du hast Feinde, aber sie haben keine Macht über dich.

Gib Acht, dass du nicht mit den Gesetzen des Landes in Konflikt gerätst.

Wenn du allen Bereichen deines Berufs Aufmerksamkeit schenkst, wartet ein Vermögen auf dich, das größer ist als alle Schätze in deiner Heimat.

Führe die Menschen, die du triffst oder mit denen du zu tun hast, nicht in Versuchung, indem du ihnen deinen Geldbeutel zeigst.

Wenn deine Liebe echt ist, wird sie angemessen gewürdigt werden.

Richtig angewandte Heilmittel werden zu einer raschen Genesung führen.

Dein Ehemann wird in jeder Hinsicht ein guter Mann sein und sich bemühen, dich zur glücklichsten aller Frauen zu machen.

Achte darauf, dass dein Verhalten über jeden Zweifel erhaben ist, und du kannst der verleumderischen Zunge die Stirn bieten.

F

Sei klug und verlasse dich nicht ausschließlich auf dein gegenwärtiges Glück.

Es wird gewünscht, dass du etwas von deinem Überfluss den Armen spendest.

Deine gegenwärtigen Probleme haben nur wenig Einfluss auf dein zukünftiges Schicksal.

Auch wenn du schon lange kalt im Grabe liegst, werden deine Kinder deinem Namen noch alle Ehre machen.

Die Hochzeit mit diesem Menschen garantiert dir Glück für lange Zeit.

Wenn deine Liebste einem anderen untreu war, dann geh nicht davon aus, dass sie dir treu sein wird.

Die Liebe veranlasst die schnelle Heimkehr des Reisenden.

Eine junge Nation wird durch die Weisheit ihrer Regierenden zum Zentrum des Handels und der Künste.

Du wirst dein Eigentum bald zurückbekommen.

Erzähle, dass du arm bist, und schau, wie viele oder welche Freunde herbeieilen, um dir zu helfen.

Beweihräuchere dich nicht selbst. Wenn du wirklich große Taten vollbracht hast, wird die Nachwelt sie nicht übersehen.

Was auch geschieht, sei nicht unzufrieden.

Hoffe das Beste, aber sei darauf gefasst, mit dem schlimmsten Fall fertig werden zu müssen.

Erspare dir den Ärger und die Kosten einer voreiligen und unprofitablen Spekulation.

Sei zufrieden und ignoriere das Drängen niederträchtigen Ehrgeizes.

Geiz ist verwerflich, aber ein gesparter Cent pro Tag ergibt im Jahr ein kleines Vermögen.

G

Sei wie die Biene, und du wirst den Honig deines Fleißes ernten.

Du wirst mit Pauken und Trompeten verlieren.

Es liegt vorrangig an dir, dieses große Übel zu verhindern.

Deine Reise wird dir, falls du sie antrittst, große Vorteile bringen.

Die Voraussetzung für ein langes Leben ist vor allem Mäßigkeit.

Der, der im Kerker lebt, wird entkommen.

Deine erste Partnerin wird jung, gut aussehend und bescheiden sein, deine zweite genau das Gegenteil.

Dir wird eine Tochter geboren, der ihre große Schönheit zum Verhängnis werden kann, wenn ihrer Eitelkeit nicht frühzeitig Einhalt geboten wird.

Deine Freunde sind nicht krank, aber es ist gegenwärtig nicht alles so, wie sie es sich wünschen.

Neidische Menschen werden versuchen, dir das Leben schwer zu machen.

Meide scharfe Werkzeuge!

Sei fleißig und gewissenhaft in deinem Beruf und hüte dich vor der Euphorie falscher Hoffnungen.

Vertraue dich Gott an auf deinem Lebensweg, und er wird über dich wachen.

Wenn du diskret bist, wirst du die Person gewinnen, die dir am Herzen liegt.

Sorge dafür, dass der Rat des Erfahrenen befolgt wird, und die Genesung wird nicht lange auf sich warten lassen.

Du wirst einen Mann heiraten, dessen hochfliegenden Pläne seine Möglichkeiten übersteigen. Deine Aufgabe wird es manchmal sein, ihn auf dem Boden der Tatsachen zu halten.

Ja! Aber die, die dich verleumden, werden aus ihrem eigenen Munde verurteilt werden.

Verzweifle nicht; auch wenn das Glück dir den Rücken kehrt, wird dies nur für eine gewisse Zeit sein.

Du wirst in deiner Vision darauf hingewiesen, dass deine gegenwärtigen Unternehmungen von Erfolg gekrönt sein werden, wenn du vorsichtig zu Werke gehst.

Freue dich, du wirst bald mit Wohlstand gesegnet.

Wähle für deine Kinder Berufe, die ihren Begabungen entsprechen. Lehre sie, tugendhaft und vorsichtig zu sein, und überlasse alles Weitere Gott.

Begib dich nicht in eine Situation, deren Ausgang du nicht gründlich durchdacht hast.

Deine Liebste oder dein Liebster verdient dein ganzes Vertrauen.

Nichts kann die schnelle Ankunft des Fremden verzögern.

Das rankende Unkraut, das lange Zeit die Gärten des Südens überwuchert hat, wird gejätet und an seiner Stelle wird der Baum der Freiheit üppig wachsen.

Setze alles daran, den Dieb zu überführen.

Der Mensch, der sich am lautesten rühmt, dein Freund zu sein, wird dich in schwierigen Situationen als Erster im Stich lassen.

Tauche deine grünen Lorbeeren nicht in das Blut der Besiegten.

Verscherze dein Glück nicht durch deine Launenhaftigkeit.

Sei freundlich zu deinem Verwandten, und er wird sich deiner erinnern.

Suche Rat bei deinem besten Freund, bevor du die nächsten Schritte unternimmst.

Du wirst lange Zeit in Wohlstand leben und solltest damit zufrieden sein, sonst wird dich am Ende dein ungezügelter Ehrgeiz ruinieren.

H

Du wirst Glück haben und kannst mit geschäftlichen Vorteilen rechnen.

Ja!

Denkst du, du könntest deine Hand ins Feuer halten, ohne dich zu verbrennen?

Handle, wie du dir es von anderen wünschst, und du wirst viel Zeit und Geld sparen.

Wage dich nicht weit von zu Hause fort.

Gehe mit den Hühnern zu Bett und stehe beim ersten Hahnenschrei auf und hab keine Zweifel.

Ein Freund wird seine baldige Freilassung herbeiführen.

Der Charakter deines Partners wird beispielhaft sein. Achte darauf, ihm in allen Dingen nachzueifern.

Deine Frau wird einen Sohn bekommen, der später sowohl gelehrt als auch tugendhaft sein wird.

Das Vergnügen hat zurzeit die Aufmerksamkeit deiner Freunde gefesselt.

Du hast einen Feind, aber deine Person und dein Besitz sind vor jedem Versuch, dir zu schaden, geschützt.

Wenn du wirklich klug bist, wirst du das Glück des Landlebens nicht verschmähen.

Auf dich wartet ein Schatz, mit dem du gar nicht gerechnet hast.

Wenn du dich zu lange in einem fremden Land aufhältst, könnte dir Gefahr drohen.

Die Hand deiner Liebsten oder deines Liebsten wird deine Zuneigung schließlich belohnen.

Obwohl der Patient dieses Mal davon kommt, sollte er nicht davon ausgehen, dass seine Konstitution besonders robust ist.

H

Aufgrund deiner Heirat werden dich Menschen deines eigenen Geschlechts beneiden.

Sei besonnen und höflich im Umgang mit allen Menschen, und die Pfeile übler Nachrede werden stumpf sein, bevor sie dich erreichen.

Es ist dir bestimmt, viele Veränderungen zu erleben.

Du träumst von einer Hochzeit, die bald stattfinden wird.

Gib Acht, dass deine Probleme dich nicht in die Trunksucht treiben. Wenn das geschieht, wirst du sie nie bewältigen.

Sei bei der Erziehung deines Nachwuchses konsequent, aber nicht zu streng. Versäume keine Gelegenheit, deinen Kindern in allen Dingen zu tieferem Verständnis zu verhelfen, und sie werden dich in ihrem vollkommenen Glück segnen.

Es liegt an den Beteiligten, aus möglichen Hindernissen, welche ihrem Glück im Wege stehen könnten, eine unbedeutende Lappalie zu machen.

Es gibt keinen berechtigten Anlass, an der Treue deiner Liebsten oder deines Liebsten zu zweifeln.

Auch wenn der Auslandsaufenthalt des Fremden lange dauert, wird er ihm große Vorteile bringen.

Wenn die Schleier der Dummheit und Torheit gefallen sind, wird ein mächtiges Volk sich auf seine verlorene Freiheit besinnen.

Zerstöre nicht das Leben eines Menschen, der dich verletzt hat.

Strapaziere die Geduld deiner Freunde nicht über Gebühr, so erhältst du dir ihre Freundschaft.

Sei nicht versessen darauf, dir ein eigenes Denkmal zu errichten.

Die Ehe wird dich sehr glücklich machen.

Sei höflich und anständig zu allen Menschen, du weißt nicht, wer sich als dein Freund erweisen könnte.

Sei nicht arrogant, stolz oder eitel inmitten deines Wohlstands.

I

Lass dich auf deinem Weg vom Stern der Klugheit leiten.

Es gibt Gezeiten in den Angelegenheiten der Menschen. Wenn man sich ihrem Rhythmus anpasst und die Flut nutzt, wird man Erfolg haben.

Nein, aber sei trotzdem zufrieden und glücklich.

Probiere es nicht! Berühre es nicht! Handle nicht!

Wenn du etwas gegen das Gesetz hast, dann gib Acht, dass du nicht damit in Konflikt gerätst.

Wenn sich die Gelegenheit bietet, kannst du zuversichtlich losfahren.

Ein hohes Alter erreicht nur, wer entschlossen ist, sich in allem zu mäßigen.

Der Gefangene wird bald zu Hause willkommen geheißen, auch wenn er jetzt unter der Macht seiner Feinde leidet.

Du wirst eine gut aussehende Partnerin haben.

Sie wird einen Sohn bekommen, dessen pflichtbewusstes Verhalten in der Jugend dir einen komfortablen Lebensabend sichern wird.

Deine Freunde halten gerade Andacht.

Feinde werden versuchen, deinen guten Ruf zu untergraben.

Du kannst starke alkoholische Getränke verkaufen, aber hüte dich davor, ihre Stärke zu oft am eigenen Leib zu probieren.

Auf dich wartet ein großer Schatz.

Du wirst keinen Unfall haben.

Du wirst mehr geliebt, als du dir gegenwärtig bewusst bist.

I

Die Leidenden werden bald frei von Schmerzen sein.

Dein Ehemann wird großen Reichtum erben.

Du wirst verleumdet, aber wenn die Verleumder mit ihrem Tun konfrontiert werden, wird Schande über sie kommen.

Politische Veränderungen werden dein Schicksal ändern.

Deine Intuition sagt dir, dass du Geschenke erhalten wirst.

Der Alkohol hebt jetzt vielleicht deine Stimmung und lässt dich deinen Kummer für kurze Zeit vergessen, doch am Ende verhindert er dein Wohlergehen.

Versäume keine Gelegenheit, deinen Kindern die Taten guter Menschen vor Augen zu halten. Indem sie solchen Menschen nacheifern, machen sie deinen Grundsätzen alle Ehre.

Das verheiratete Paar wird in großem Wohlstand leben.

Hege keinen unberechtigten Verdacht.

Wenn der Fremde seine Angelegenheiten geregelt hat, wird er keine Zeit verlieren, um in sein Heimatland zurückzukehren.

Wer sein Volk täuscht, wird sich in den Stricken des Netzes verfangen, das er selbst so raffiniert geknüpft hat.

Gib dem Dieb keine Gelegenheit, dich noch einmal zu bestehlen.

Bevor du dein Geheimnis offenbarst, überlege dir gut, ob dein Freund es für sich behalten kann.

Tu Gutes, und sollte die Menschheit sich deiner nicht erinnern, so bist du doch ihr Wohltäter.

Glaube nicht, dass du wahrhaft glücklich sein kannst, solange dein Verhalten der Korrektur bedarf.

Sei dein eigener Freund und mache dich nicht von anderen abhängig.

J

Wünsche deinen Verwandten nicht den Tod, auf dass du ihre weltlichen Güter erben kannst.

Habgier führt Tausende ins Verderben.

Beharrlichkeit überwindet jedes Hindernis.

Du bist zu ehrgeizig.

Du magst zwar Erfolg haben, aber Millionen wurden ruiniert.

Du musst prozessieren, aber am Ende wirst du erfolgreich sein.

Wenn du deinem Heim zu lange fern bleibst, wird dein Vermögen nicht wachsen.

Trunksucht lässt dich vorzeitig altern. Vermeide sie, und du wirst lange leben.

Unter großen Schwierigkeiten wird er die Entlassung aus seinem Gefängnis erreichen.

Deine Partnerin wird im Laufe der Zeit zu viel Geld kommen – nutzt es weise.

Dir wird eine Tochter geboren, die sehr verehrt und geachtet wird.

Deinem Freund geht es gut, er trinkt auf deine Gesundheit.

Du hast Feinde, aber du wirst über sie triumphieren, und sie werden vor Scham im Boden versinken.

Du kannst ein Vermögen mit dem Handel von Edelsteinen machen.

Gesundheit wird für dich der größte Schatz sein, den du je besitzen kannst.

Auf deinen Reisen hängen Sicherheit und Erfolg vor allem davon ab, wie du dich gegenüber den Menschen verhältst, denen du begegnest.

J

Bleibe beharrlich und gib deine Liebe nicht vorschnell verloren.

Sorge dafür, dass alle angemessenen Maßnahmen ergriffen werden, dann wird das Leiden des Patienten schnell kuriert sein.

Die Heirat wird dein Glück und Wohlergehen enorm steigern.

Wenn dir üble Nachrede zu Ohren kommt, finde sofort heraus, wer der Verleumder ist, und er wird in deiner Gegenwart geächtet werden.

Welche Veränderungen du auch immer durchmachst – sie dienen deinem Wohl.

Die Vorzeichen deuten darauf hin, dass dir unverzüglich Vergünstigungen zuteil werden.

Wenn du auf dauerhaftes Glück hoffst, dann ertränke deine Sorgen nicht im Alkohol. Tust du es dennoch, werden deine Hoffnungen für immer zunichte gemacht.

Ihr Glück hängt allein davon ab, was du ihnen beibringst.

Sei besonnen in der Verbindung, die du für das ganze Leben eingehst.

Der misstrauische Geliebte und die misstrauische Geliebte machen ihren Seelenfrieden selbst zunichte.

Wenn der Abwesende zurückkehrt, wird es mit Freude und Ehren geschehen.

Unwissenheit und Unterdrückung werden, wie dichte Nebelschleier über den Berggipfeln, allmählich verschwinden, wenn die strahlende Sonne des Wissens das Bewusstsein der Menschen erhellt.

Rüge den, der dich verletzt hat, aber verfolge ihn nicht bis zu seinem Tode.

Traue nie einem Menschen, der dir im Zustand der Trunkenheit Freundschaft schwört.

Die guten Taten der Menschen werden oft in den Sand geschrieben, die schlechten in Marmor gemeißelt.

Hänge dein Herz nicht an Freuden, die du aus irdischen Dingen beziehst.

K

Du wirst ganz gewiss in Frieden und Überfluss leben, wenn du fleißig bist.

Während du auf die alten Schuhe eines Toten wartest, könntest du durch eigene Anstrengung neue erwerben.

Lass dich in dieser Angelegenheit von Klugheit leiten.

Dein Vorankommen hängt ganz allein von dir ab.

Hab keine Zweifel.

Die Chancen stehen drei zu eins gegen dich.

Meide die Konfrontation mit dem Gesetz wie die Pest.

In einem anderen Land wird Fortuna ihr Füllhorn über dir ausschütten.

Die Anzahl deiner Tage hängt stark von deinen Gewohnheiten ab. Wenn du weder schlemmst noch Alkohol trinkst, wirst du lange leben.

Der Gefangene wird große Schwierigkeiten haben, Gnade zu erwirken.

Du wirst in eine reiche und angesehene Familie einheiraten.

Dir wird ein wunderschönes männliches Kind geboren.

Dein Freund ist glücklicher und gesünder als gewöhnlich und bereitet sich gerade auf eine Reise vor.

Du wirst von geheimen Feinden umzingelt, aber sie werden selbst in die Grube fallen, die sie für dich gegraben haben.

Sei ein Müller, aber beute nicht die Armen aus.

Du wirst eine ergiebige Mine besitzen, aus der du von Zeit zu Zeit Schätze zutage fördern wirst.

K

Wohlstand ist dir sicher.

Denke darüber nach, ob der Mensch, dem deine Zuneigung gilt, deine Liebe verdient.

Hab keine Angst, der Patient wird sich erholen.

Dein Ehemann wird ein ehrenwerter, rechtschaffener Mensch sein.

Dein Ruf wird nicht ernsthaft durch üble Nachrede geschädigt.

Betrachte die Gegenwart nicht als die wichtigste Phase in deinem Leben.

Die Vorzeichen deuten auf Wohlstand für dich und die Deinen hin.

Wenn deine Probleme schwer auf dir lasten, sei nicht bestürzt, sondern bemühe dich, sie zu lösen.

Wenn du deinem Kind erlaubst, den Pfad der Tugend zu verlassen, musst du damit rechnen, dass Laster und Leiden sein Leben bestimmen werden.

Übereilt geschlossene Ehen enden im Kummer, nicht aber solche, die mit Besonnenheit eingegangen werden.

Der Mensch, dem deine Zuneigung gilt, wird dir deine Liebe niemals mit Undankbarkeit vergelten.

Mach dir keine Sorgen, der Fremde wird sehr schnell zurückkehren.

Der Ruf der Freiheit wird in den Hallen erklingen, die einst von Seufzern der Verzweiflung erfüllt waren.

Lass nichts unversucht, um deinen Verlust auszugleichen.

Gib Acht, dass dich die zuckersüßen Worte des Heuchlers und Betrügers nicht in Gefahr bringen.

Hüte dich! Schande ist dem gewiss, der Verwerfliches tut.

L

Dein Name wird zusammen mit der Erinnerung an deine Taten in die Geschichte eingehen und noch in der fernsten Zukunft bekannt sein.

Du hast alle Aussichten auf Glück.

Verlass dich nicht ausschließlich auf die gegenwärtigen Absichten deines Verwandten, sie könnten sich ändern.

Der Erfolg hängt zum großen Teil von deiner Beharrlichkeit ab.

Du wirst auf viele Hindernisse stoßen, aber auf lange Sicht werden dir die höchsten irdischen Ehren zuteil.

Fleiß, Beharrlichkeit und Umsicht tragen zur Verwirklichung deiner kühnsten Wünsche bei.

Spiele keine riskanten Spiele.

Das Gesetz ist ein zweischneidiges Schwert, das dich mit Sicherheit zerschmettern wird, wenn du in seine Reichweite kommst.

Bleib zu Hause, und es wird dir gut gehen.

Bescheidene Mahlzeiten werden deine Gesundheit erhalten und dir viele Lebenstage bescheren, während das mitternächtliche Bankett dich schnell umbringen kann.

Der Gefangene wird wieder die Luft der Freiheit atmen.

Das Verhalten deiner Partnerin wird absolut untadelig sein. Achte darauf, dass du genauso bist.

Du wirst einen Sohn haben, dessen Gesundheitszustand in der Kindheit viel Fürsorge erfordert.

Deine Freunde feiern und wünschten, du befändest dich in ihrem Kreise.

Ja, aber sie werden besiegt.

Du bist der geborene Seiltänzer.

L

Zufriedenheit ist kostbarer als alle Schätze dieser Welt.

Lass dich nicht mit üblen Kumpanen ein, dann wird deine Reise sicher verlaufen.

Warte geduldig, dann wird deine Liebe zur rechten Zeit erwidert werden.

Lass nicht zu, dass sich alte Frauen, die angeblich medizinisches Wissen besitzen, an dem Patienten zu schaffen machen.

Dein Ehemann wird sich so verhalten, dass er jede Freundlichkeit von dir verdient hat.

Wenn du besonnen und aufrichtig handelst, brauchst du die Zunge des Verleumders nicht zu fürchten.

So wie sich die Jahreszeiten ändern, so wird sich auch dein Schicksal ändern.

Die Vorzeichen deuten darauf hin, dass du dir nicht die nächste Chance entgehen lassen sollst, um deine Situation zu verbessern.

Lass die Last deiner Probleme nicht durch Verzweiflung noch schwerer werden, sondern hoffe, dass sie in einiger Zeit der Vergangenheit angehört.

Wenn du das Vertrauen deiner Kinder gewinnst, kannst du die Grundlage für ihr Glück schaffen, indem du sie lehrst, zwischen gut und böse zu unterscheiden.

Wenn Gier oder bloße Lust deine Ehe in Gefahr bringen, kannst du kein dauerhaftes Glück erwarten.

So wie die Sonne zuverlässig ihre wunderbare Bahn am Himmel zieht, so wird deine Geliebte ihren Treueschwur halten.

Du wirst bald das Gesicht des Fremden erblicken.

Ein riesiges Reich im Westen wird die Ketten sprengen, mit denen es gefesselt ist.

Wenn du vorsichtig zu Werke gehst, kann das Eigentum bald gefunden werden.

Der Händedruck, der Kuss auf die Wange und der Freundschaftsschwur über vollem Becher sind wie Worte auf Sand geschrieben, vertraue nicht darauf.

M

Auch in einen Freund solltest du nicht so viel Vertrauen setzen, dass du ihm eine Waffe in die Hand gibst, die er später gegen dich richten könnte.

Dein Ruhm wird bis in die entlegensten Gebiete der Erde reichen.

Auf dich wartet Wohlstand.

Dein eigener Fleiß wird dir alle Wünsche erfüllen, aber wenn dir etwas vererbt wird, sei dankbar.

Wenn du diskret vorgehst, wirst du Erfolg haben.

Du wirst begünstigt werden.

In zehn Jahren wirst du, wenn du das Glück nicht durch mangelnde Eigeninitiative von deiner Schwelle treibst, ein reicher Mann sein.

Wenn du weise bist, dann gibst du den Armen, was du beim Kartenspiel ohne zu zögern verschleuderst.

Das Gesetz lässt dem Prozessierenden wenig übrig. Du wirst deinen Prozess gewinnen, aber er kostet dich mehr, als die Sache wert ist.

Reise mit deinen Freunden herum, und du wirst vielen Problemen entgehen.

Der schiffbrüchige Matrose mag der aufgewühlten See entkommen und der Dieb dem Galgen, aber dem Vielfraß und dem Trunkenbold ist ein plötzlicher Tod sicher.

Wenn große Anstrengungen unternommen werden, wird er seine Freiheit wiedererlangen.

Deine Partnerin wird eine junge, reiche Person sein.

Sie wird einen Sohn bekommen, der seiner Familie große Ehre erweisen wird.

Dein Freund ist frei von jeglichen körperlichen Beschwerden, und nun lausche den süßen Klängen der Musik.

Man wird die Feinde, die sich gegen dich verschworen haben, beschämen und bestrafen.

M

Du kannst Kaufmann sein, aber verkaufe nicht deine Seele für materiellen Gewinn.

Es ist dir beschieden, an einem Schatz vorbei zu kommen, ihn aber nicht zu entdecken.

Lass dich nicht von der schönen äußeren Erscheinung derjenigen blenden, denen du auf deinen Reisen begegnest.

Du wirst wahrhaftig geliebt.

Die Kosten sollten kein Hindernis für die Wiederherstellung der Gesundheit des Patienten sein.

Überlege dir gut, ob du im Moment deine Lebenssituation ändern solltest.

Achte mehr darauf, dir durch rechtschaffenes Verhalten einen guten Ruf zu verdienen, als nur der üblen Nachrede des neidischen Verleumders zu entgehen.

Es ist dir beschieden, viele Umbrüche zu erleben, aber schließlich wirst du in Frieden und Wohlstand leben.

Die Vorzeichen deuten auf ein Geschenk aus einem fernen Land hin.

Deine Probleme sind nur vorübergehender Natur.

Weise deine Kinder auf die Verderbtheit eines lasterhaften Lebens hin, und sie werden es meiden.

Besteht, wenn ihr verheiratet seid, nicht so sehr auf Vorrechten, sondern achtet darauf, dass jeder ein wenig nachgibt.

Lass nicht zu, dass Misstrauen dein Glück zerstört.

Wenn die Zeit seines Aufenthalts in einem fremden Land vorüber ist, wird er zurückkehren.

Die Gewalt eines Vulkanausbruchs ist umso stärker, je tiefer die Lava in seinem Inneren eingeschlossen ist. Genauso wird der Rachedurst einer Nation umso mehr angeheizt, je stärker das Unrecht verdrängt wird.

Die Person, die dir Unrecht getan hat, wird inmitten ihrer verwerflichen Aktivitäten zu Fall gebracht.

N

Der Dieb mag eine Zeit lang erfolgreich sein, aber am Ende wartet der sichere Untergang.

Sei äußerst vorsichtig in der Wahl deines Freundes.

Handle so, dass deine Taten lobenswert sind, und die Nachwelt wird sie würdigen.

Die Ernte der Fülle und des Glücks steht an, du musst sie mit der Sichel des Fleißes einbringen.

Halte die Erinnerung an den Spender in Ehren!

Sei auf der Hut vor unvorhergesehenen Ereignissen.

Sei zufrieden mit deinem gegenwärtigen Schicksal.

Vermeide waghalsige Spekulationen.

Sei gewarnt! Von jetzt an solltest du weder um Geld noch um Gleichwertiges spielen.

Wenn du die Gründe für deinen Prozess wirklich verstanden hast, handle aufrichtig, und du wirst am Ende triumphieren.

Wenn du besonnen vorgehst, erwartet dich in einem anderen Land das Glück mit offenen Armen.

Oh, Mensch! Wenn du lange leben willst, vermeide Trunkenheit, Gefräßigkeit und jegliche Unmäßigkeit.

Die Freilassung des Gefangenen ist ungewiss – ein Verwandter sollte sich seiner annehmen.

Du wirst eine Frau heiraten, die das süße Leben der Ehe bereits gekostet hat.

Sie wird einen Sohn bekommen, der ein hohes Alter erreichen wird.

Deine Freunde sind gesund, sie haben gerade Nachricht aus einem fernen Land erhalten.

Feinde hast du, aber ihre Pläne werden durchkreuzt.

Liebe das Gold nicht so sehr, dass du zum Halsabschneider wirst.

Wenn du dich darum bemühst, Wissen zu erwerben, wird es sich als kostbarer Schatz erweisen, den dir niemand nehmen kann.

Wenn du deinen Bestimmungsort erreicht hast, solltest du keine Zeit verlieren, deinen Auftrag auszuführen und umgehend zurückzukehren.

Du wirst den Beweis erhalten, dass du geliebt wirst.

Vertraue auf keinen Rat, abgesehen von dem, den die Erfahrung dir erteilt.

Die Talente deines Ehemannes werden ihm Ehre und großes Vertrauen einbringen.

Es wird eine Zeit in deinem Leben geben, da man versuchen wird, dein Verhalten in den Augen der Welt falsch darzustellen.

Dir ist ein friedvolles Leben beschieden.

Die Vorzeichen weisen auf Gesundheit und Glück hin.

Sei nicht mutlos! Auch wenn du jetzt nur noch Probleme siehst, wird dein Herz bald durch Wohlstand erfreut.

Unterbinde Hinterlist bei deinem Kind und lehre es gleichzeitig Vorsicht, damit es nicht der Hinterlist andrer zum Opfer fällt.

Standhaftigkeit und Geduld sind das große Geheimnis ehelichen Glücks.

Gib Acht, dass Eifersucht dein Glück nicht zerstört.

Der Reisende wird reich beladen zurückkehren.

Auch wenn kein Windhauch sich regt und die Luft ganz klar ist, kann plötzlich die Erde erbeben und die Menschen verschlingen.

O

Viel Regen bringt eine reiche Ernte.

Leg dich ins Zeug, wie es sich für einen Mann gehört, um dein verlorenes Eigentum zurückzubekommen.

Prüfe deinen Freund, bevor du ihm zu sehr vertraust.

Wenn deine Taten verwerflich sind, wird die Nachwelt deinen Namen verfluchen.

Lass in deinen Bemühungen nicht nach, und du wirst in Wohlstand leben.

Gib Acht, dass du nicht um das betrogen wirst, was dir rechtmäßig zusteht.

Du hast nichts zu fürchten, wenn du besonnen bist.

Du wirst über deinesgleichen erhaben sein.

Geh bewusst und achtsam vor, und der Erfolg ist dir gewiss.

Wenn es dir Vergnügen macht, dich und deine Familie an den Bettelstab zu bringen, dann spiele!

Bringe deinen Fall vor ein Schiedsgericht deiner Landsleute.

Wenn du in deinem eigenen Land bleibst, kannst du weiterhin erfolgreich sein.

Ich habe schon gesehen, dass ein reicher Mann sein ganzes Vermögen den Armen vermachte und dass sich die Sonne total verfinsterte, aber noch nie habe ich erlebt, dass ein unmäßig lebender Mensch gesund blieb und alt wurde.

Freiheit für den unglücklichen Gefangenen!

Eine reiche Partnerin, aber von sehr unangenehmer Wesensart!

Du wirst einen Sohn bekommen, der später großen Reichtum besitzen wird.

O

Deinen Freunden geht es gut, aber sie machen sich Sorgen um dich.

Sei wachsam, und die Absichten derer, die dir schaden wollen, werden vereitelt.

Weißt du, was deinen Profit in kürzester Zeit außerordentlich steigern wird?

Es ist dir bestimmt, das Eigentum eines anderen zu finden, doch ist es deine Pflicht, es dem rechtmäßigen Besitzer zurückzugeben.

Diejenigen, die bei dir sind, werden über deine Sicherheit wachen.

Gib deiner Liebsten oder deinem Liebsten weitere Beweise deiner Zuneigung, und du wirst dasselbe zurückerhalten.

Der Patient kann sich auf ein langes Leben freuen.

Viele Frauen werden dich um einen so gut aussehenden und liebevollen Ehemann beneiden.

Die verleumderischen Worte deiner Feinde werden deinen guten Ruf nicht beeinträchtigen.

Wenn du es am wenigsten erwartest, wird sich eine sehr positive Veränderung in deinem Leben ergeben.

Die Vorzeichen deuten auf die Genesung von einer Krankheit hin.

Bemühe dich beharrlich um eine Verbesserung deiner Lage, und deine Bemühungen werden von Erfolg gekrönt sein.

Erziehe dein Kind dazu, auf dem rechten Weg zu wandeln, und es wird auch später nicht davon abweichen.

Es ist töricht, zu heiraten, wenn du keine andere Grundlage als Schönheit und Liebe hast.

Lebe heiter, arbeite mit Freude und sei wachsam, aber nicht übermäßig misstrauisch.

Reichtum, Glück und Ehre folgen dem zurückkehrenden Fremden auf dem Fuß.

P

Deine Hoffnung auf baldige Rückkehr des Abwesenden ist nicht begründet.

Die Regierungen von Nationen werden sehr schnell wechseln.

Bestrafe den Missetäter nicht zu hart.

Dein Freund wird dir mit Sicherheit treu sein. Doch: Ist er dein Freund?

Sei ehrlich und zufrieden mit dem Lob deiner Zeitgenossen.

Versäume es nicht, durch unermüdlichen Fleiß deine Scheune mit Getreide und deine Börse mit Geld für schlechte Zeiten zu füllen.

Wenn du die weltlichen Güter des Verstorbenen in Besitz nimmst, dann gib auch der Witwe und den Waisen, was ihnen zusteht.

Gehe nicht voreilig ein Wagnis ein.

Dein Fortschritt wird dein eigenes Verdienst sein.

Wenn du den Grundstock eines Vermögens angesammelt hast, setz dich zur Ruhe.

Weshalb solltest du dein Glück und deine gesamte Existenz aufs Spiel setzen, indem du sie der Laune des Zufalls beim Würfel- oder Kartenspiel aussetzt?

Sei dein eigener Anwalt.

Wenn du verreist, stehst du unter dem Schutz der Vorsehung.

Du wirst in deine Enkelkinder vernarrt sein.

Er wird nach langer Gefangenschaft freigelassen werden.

Deine Partnerin wird ein Ausbund an Tugend und Schönheit sein.

P

Du wirst einen Sohn bekommen, der die ganzen Vorzüge seiner Mutter und alle Tugenden seines Vaters erben wird.

Zweifle nicht daran, dass deine Freunde wohlauf und glücklich sind; sie genießen gerade eine einfache, aber reichhaltige Mahlzeit.

Die Absichten des Menschen, der zu deinem Feind wird, können dir nicht ernsthaft schaden.

Folge dem Pflug.

Du wirst mit Sicherheit etwas finden, aber es wird nicht von großem Nutzen für dich sein.

Treibe dich nicht unnötig auf der Straße herum, sonst könntest du in Gefahr geraten.

Du wirst geliebt, aber du solltest die Chancen erhöhen, denn Verzögerungen sind gefährlich.

Die Beschwerden des Patienten werden rasch nachlassen.

Dein Ehemann wird denken wie ein Fuchs, aber er wird handeln wie ein Wolf.

Man wird den Verleumdungen, die über dich verbreitet werden, keinen Glauben schenken.

Sei nicht bestürzt, wenn dich das Missgeschick trifft, es wird dich nicht lange heimsuchen.

Die Vorzeichen deuten darauf hin, dass du Feinde hast, die versuchen werden, dir zu schaden.

Deine Probleme sind nicht so groß, dass du sie nicht aus eigener Kraft überwinden kannst.

Hege die Samen der Tugend in deinen Kindern, und zweifle nicht daran, dass sie in höherem Alter Glück ernten werden.

Bemühe dich darum, deinen Partner glücklich zu machen, und du wirst ebenfalls glücklich sein.

Die Abwesenheit wird an den Gefühlen deiner Allerliebsten oder deines Allerliebsten nichts ändern.

Q

Das Herz, das in Liebe für dich entflammt ist, wird sich als treu erweisen.

Er wird, zur großen Freude all seiner Freunde, bald zurückkehren.

In einer südlichen Nation bahnt sich ein rascher Regierungswechsel an, durch den sich die Dinge zum Besseren wenden.

Schau nochmal nach. Manchmal sieht man den Wald vor lauter Bäumen nicht.

Sei dein eigener Freund.

Lass dich von deinem Streben nach Ruhm nicht zu verwerflichen Taten verführen.

Dein zukünftiges Glück hängt von dir selbst ab.

Was hast du mit Erbschaften zu tun? Sei fleißig und bescheiden.

Überleg es dir gut, bevor du diese Pläne weiter verfolgst.

Deine eigenen Verdienste werden dir Ansehen einbringen.

Bringt Reichtum Zufriedenheit und Glück?

Wette nicht mit hohem Einsatz.

Akzeptiere keinen Vermittlungsversuch, sondern halte dich an das Urteil eines ehrsamen Gerichts.

Deine Reise wird erfolgreich sein, wenn Besonnenheit dich leitet.

Dir ist eine beträchtliche Lebenszeit beschieden, sieh zu, dass du dein langes Leben nützlich zubringst.

Die Riegel werden beiseite geschoben, die Türen geöffnet und die Ketten gesprengt.

Q

Deine Partnerin wird nicht besonders gut aussehend sein, aber ansonsten gibt es absolut keinen Grund, sie nicht zu mögen.

Du wirst einen Sohn bekommen, der viel Macht besitzen wird.

Der Gesundheitszustand deines Freundes erfordert keine ärztliche Hilfe; er liest einen Brief, den er gerade erhielt und der ihm große Befriedigung verschafft.

Ein Feind wird versuchen, deine Pläne zu vereiteln; doch er wird sich in dem Netz verfangen, das er für dich ausgeworfen hat.

Suche weder die Ehre noch die Gefahren des Schlachtfeldes.

Ein stets gut gelaunter Gefährte ist ein Schatz, auf dem deine Augen voller Wohlgefallen ruhen.

Dein Reisegefährte wird für dich ein Schutzschild gegen alle Gefahren sein.

Außer deinem Liebling bringen dir auch noch andere Menschen Zuneigung entgegen.

Lass nicht zu, dass der Patient sich mit düsteren Erwartungen quält.

Dein Ehemann wird hohe Positionen innehaben.

Üble Dinge werden über dich verbreitet, aber der Verleumder wird zur rechten Zeit aufgespürt und bestraft.

Gib gut Acht, dass die Lektionen, die das Leben dir in misslichen Lagen erteilt, dir in guten Zeiten eine Lehre sind.

Die Vorzeichen weisen darauf hin, dass du bald angenehme Nachrichten hören wirst.

Sei jetzt geduldig und später besonnen, nur so kannst du Wohlstand und Glück erlangen.

Bestrafe dein Kind, wenn es Schlechtes tut, und es wird später Grund haben, deinen Namen zu preisen.

Unterziehe die Neigungen deines zukünftigen Partners einer gründlichen Prüfung, und wenn sie zu deinen passen, werdet ihr beide glücklich werden.

R

Diejenigen, die sich wahrhaftig an den Eid halten, den sie vor dem Altar geschworen haben, müssen nicht fürchten, unglücklich zu werden.

Zweifle nicht an der Beständigkeit deiner Liebsten oder deines Liebsten.

Er wird nicht zur erwarteten Zeit zurückkehren.

In dieser Zeit geschehen sehr viele Ereignisse von großer politischer Bedeutung.

Suche, und du wirst finden.

Vertraue nicht einmal einem Freund ein Geheimnis an, das du in deinem Herzen bewahren solltest.

Auch wenn die jetzige Generation dir schmeichelt, könnte es sein, dass die nächste nicht so höflich ist.

Mach dein Glück nicht von Gold und Silber abhängig, sondern achte darauf, dass du bei allem, was du tust, ein reines Gewissen haben kannst.

Hoffe das Beste!

Lass dir den Erfolg, der dir beschieden sein mag, nicht zu Kopfe steigen.

So wie der Nil dank seiner jährlichen Überflutung der Uferlandschaft üppige Ernten beschert, so wird der gute Wille eines Freundes dir Erfolg, Glück und Ehre bringen.

Deine Spekulationen werden im Allgemeinen erfolgreich sein.

Ein Glückstreffer könnte dir ein Vermögen bescheren, falls dies eintritt, spiel weiter.

Bemühe dich darum, alle Differenzen mithilfe der Vermittlung gemeinsamer Freunde beizulegen.

Du solltest verweilen, wo du jetzt wohnst.

Dir ist ein langes Leben beschieden, lass deine Jahre nicht ohne Glanz verstreichen.

R

Der Gefesselte wird bald frei sein.

Dir ist eine reiche Partnerin bestimmt.

Du wirst eine Tochter bekommen, die eine edle Gesinnung und einen liebenswerten Charakter hat.

Der Freund, nach dem du fragst, ist gesund, er liegt gerade in Morpheus' Armen.

Gib Acht, dass deine gegenwärtigen Freunde nicht zu deinen erbitterten Feinden werden.

Nimm Arzneimittel, wenn es nötig ist, aber maße dir nicht an, sie anderen zu verordnen.

Sei fleißig, und nimm solche Phantasien nicht ernst.

Prahle unterwegs nicht mit den Reichtümern, die du mit dir führst, sonst wecken sie vielleicht das Begehren anderer.

Du wirst innig geliebt, aber verliere nicht die Übersicht durch Unachtsamkeit oder Zaghaftigkeit.

Sorge dafür, dass die Vorschriften des Arztes strikt eingehalten werden.

Dein Ehemann wird die Entscheidungsgewalt über Dinge von großer Bedeutung haben.

Gib dem Verleumder keine Gelegenheit, deinen Ruf zu schädigen.

Wenn du genug hast, dann sei damit zufrieden und versuche nicht, deinen Besitz zu mehren, indem du weitere Wagnisse eingehst.

Die Vorzeichen weisen auf eine Fülle von Dingen hin, die man mit Geld kaufen kann.

Auch wenn du arm und bedürftig bist, solltest du dir Wohlstand nicht auf Kosten von Ehrlichkeit oder Ehre erkaufen. Das Rad des Schicksals dreht sich ohne Unterlass.

Versäume keine Gelegenheit, den Geist deiner Kinder zu schulen, und Rechtschaffenheit und Glück werden sie auf ihrer Lebensreise begleiten.

S

Vertraue das Geschick deiner Familienmitglieder der allwissenden Vorsehung an, und sie wird sie beschützen.

Gegenseitige Zuneigung wird Wohlstand und wahres Glück garantieren.

Sei deiner Liebsten so treu, wie sie dir ist, und du wirst glücklich sein.

Der Fremde wird unerwartet zurückkehren.

Der Kluge trifft Vorsorge für alle Fälle, die eintreten könnten.

Stelle gründliche Nachforschungen an, und die Sache kann aufgedeckt werden.

Zeige deinem Freund durch gute Behandlung, dass es in seinem eigenen Interesse liegt, dir gegenüber loyal zu sein.

Begehre nicht, deinen Namen durch rücksichtslosen Ehrgeiz unsterblich zu machen.

Brüte nicht über deiner misslichen Lage, sondern streng dich in Zukunft an.

Auf dich wartet das Glück.

Sei dein eigener Ratgeber, und du wirst Erfolg haben.

Verpasse nicht die guten Gelegenheiten, die sich dir bieten könnten, denn sie können dir große Vorteile bringen.

Ein Geschäftspartner könnte dich ruinieren.

Investiere niemals gutes Geld in den Gewinn von schlechtem.

Mit Gottes Hilfe wirst du deinen Prozess gewinnen.

Entferne dich nicht weit von deinem Zuhause.

S

Die Vorsehung wacht über dich und wird dir ein langes Leben bescheren, wenn du die Sünde der Trunksucht meidest.

In kurzer Zeit werden alle Sorgen um den Gefangenen vergessen sein.

Du wirst in deiner Ehe außerordentlich glücklich sein.

Du wirst einen Sohn bekommen, der dir viele Sorgen bereiten wird, wenn du ihn nicht rechtzeitig an die Kandare nimmst.

Der Mensch, um den du dich sorgst, ist wohlauf und gerade mit Haushaltspflichten beschäftigt.

Sei auf der Hut vor Verrat! Mehr kann dir zurzeit nicht offenbart werden.

Pflege deine Talente und nimm einen Beruf an, bei dem du Honorare erhältst.

Du kannst, aber sei nicht enttäuscht, wenn sich herausstellt, dass es nicht von großem Wert ist.

Mache dich einen Tag früher oder später auf den Weg, als du ursprünglich geplant hattest.

Eure Zuneigung beruht auf Gegenseitigkeit, aber es werden Versuche unternommen, Zwietracht zwischen euch zu säen.

Damit der Patient genesen kann, muss er durch Gespräche mit den Menschen, die ihm am Herzen liegen, bei guter Laune gehalten werden.

Du wirst einen Mann von hohem Stande heiraten, der jedoch kaum Vermögen besitzt.

Lass Gerechtigkeit und Klugheit Wächter deines guten Rufes sein.

Am Anfang deiner Karriere wird es einige Umbrüche geben, aber im Alter wirst du uneingeschränktes Glück erleben.

Die Vorzeichen warnen dich; du sollst dich vor Gefahren in Acht nehmen.

Jammere nicht Hände ringend über deine missliche Lage und die Ungerechtigkeit des Schicksals, sondern steh auf und tu etwas, und das Glück wird dir wieder lachen.

T

So wie die hohe Säule über unbedeutende Ruinen hinausragt, so wirst du dich über deine gegenwärtigen Probleme erheben.

Wenn du besonnen und gerecht gehandelt hast, werden deine Angehörigen deinem Beispiel folgen und glücklich sein.

Gegenseitiges Vertrauen garantiert euer Glück.

Im Herzen deiner Liebsten oder deines Liebsten wird niemand Platz haben außer dir allein.

Der Fremde wird zum erwarteten Zeitpunkt zurückkehren.

Wenn die Zeit ungünstig ist, dann strenge dich umso mehr an.

Verzweifle nicht über dem Versuch, dein Eigentum zurückzubekommen.

Streite nicht mit deinem Freund über Kleinigkeiten, sonst könntest du dir seine Unterstützung in wichtigen Angelegenheiten verscherzen.

Sei gerecht um der Gerechtigkeit willen, und nicht, weil du von der Nachwelt gepriesen werden willst.

Mal den Teufel nicht an die Wand.

Das Geld, das dir hinterlassen wird, wird deine Sorgen nicht aufwiegen.

Suche Rat bei einem Menschen, der weiser ist als du.

Hohes Ansehen erreicht man durch die Entfaltung großer Talente, eine höhere Stelle durch Interesse; dein Weg liegt in der Mitte.

Nimm einen Partner, aber sei kein stiller Teilhaber.

Geh in ein Spielcasino, schau dir die Verzweiflung des Mannes an, der gerade sein ganzes Hab und Gut verloren hat, und dann spiele.

Deine Pläne werden von raffinierten Machenschaften des Gegners durchkreuzt.

T

In einem fremden Land wirst du von Fremden geschützt und umsorgt.

Mehr noch als nach einem langen Leben solltest du danach streben, die Zeit, die Gott dir auf Erden gibt, besser zu nutzen.

Der Gefangene sollte um Vergebung und Gnade bitten.

Diese Heirat wird dir bald großen Wohlstand bescheren.

Du wirst männliche und weibliche Nachkommen haben, die dir Stütze und Stab im Alter sein werden.

Der Freund, nach dem du fragst, erfreut sich ausgezeichneter Gesundheit; er unterhält sich gerade mit einem Verwandten.

Ein Feind wird versuchen, dich hinters Licht zu führen, aber seine Pläne werden vereitelt.

Folge deiner eigenen Neigung.

Häusliches Glück wird für dich von größerem Wert sein als zehntausend ergiebige Gold- und Silberminen.

Erschrecke nicht, wenn du mit Gefahr konfrontiert wirst, sie wird dir nichts anhaben, wenn du resolut und entschlossen bist.

Das Herz deiner Liebsten oder deines Liebsten erwidert dein banges Sehnen.

Es ist nutzlos, von Medikamenten Linderung zu erwarten, es sei denn, sie werden fachkundig eingesetzt.

Der Mann, den du heiratest, wird über große Macht verfügen. Lehre ihn, richtig damit umzugehen.

Wenn du zu Unrecht beschuldigt wirst, wird sich deine Unschuld bestätigen und die Verleumder werden überführt.

Erwarte nicht, durchs Leben zu gehen, ohne Gut und Böse zu begegnen.

Die Vorzeichen deuten auf eine glückliche Verbindung zwischen einem Mann und einer Frau hin, die sich seit langem lieben.

U

Deine nächtlichen Träume deuten auf Glück hin.

Deine Probleme werden bald ein Ende haben.

Belehre deine Kinder, geh ihnen mit gutem Beispiel voran, und du brauchst dir keine Sorgen um ihr zukünftiges Glück zu machen.

Die Heirat wird dir Wohlstand und Glück bescheren.

Jemand wird versuchen, dich im Herzen des Menschen zu verdrängen, den du zärtlich liebst.

Der Fremde kann zurzeit nicht zurückkehren.

Viel Regen wird die Erde fruchtbar machen.

Bist du sicher, dass es gestohlen wurde?

Verlass dich nicht zu sehr auf die Freundschaft irgendeines Menschen.

Erfülle deine Pflichten und strebe nicht nach fruchtlosem Ruhm in der Zukunft.

Wenn du weiterhin auf dem Pfad der Tugend bleibst, wirst du glücklich sein.

Mach dich nicht von den Launen des Alters abhängig.

Schau genau hin, bevor du etwas wagst.

Wenn du zu Wohlstand und Ansehen kommst, hab ein Ohr für die Probleme deiner früheren Freunde.

Pass gut auf diejenigen auf, die auf deine Kosten leben.

Der Kumpan von Streikbrechern, Betrügern und Dieben wird nie geachtet, selbst wenn er ein Vermögen besitzt.

U

Stürze dich, ohne zu zaudern, in deinen nächsten Prozess, und deine Wünsche werden durch Gewinn gekrönt.

Bleib zu Hause, es wird besser für dich sein.

Langlebigkeit ist ein Fluch für diejenigen, die ihr Leben vergeuden.

Der Gefangene wird noch viele Tage in Gefangenschaft verbringen.

Deine eheliche Verbindung verheißt nicht viel Glück.

Söhne und Töchter werden die Belohnung für die Liebe sein, die ihr für einander empfindet.

Dein Freund macht gerade einen Besuch, er ist wohlauf und guter Dinge.

Du hast wenig Grund, den Zorn eines Feindes zu fürchten, der dir in die Quere kommen könnte.

Schließ dich denen an, die dein Land verteidigen.

Einer deiner Verwandten wird Dinge von großem Wert finden.

Du wirst das Ziel deiner Reise sicher erreichen.

Das Herz deiner Liebsten oder deines Liebsten schwankt zwischen dir und einer anderen Person; erhöhe die Chancen, die dir geboten werden.

Der Patient kann immer noch auf Gesundheit und ein langes Leben hoffen.

Dein Ehemann wird großen Ruhm erlangen.

Deine Unschuld wird dich in Tagen der Bedrängnis schützen und der Verleumder wird für immer zum Schweigen gebracht.

Die Reise durch dein Leben wird anfangs stürmisch verlaufen, aber der Sturm wird sich legen und günstige Winde werden dich in den Hafen der Unabhängigkeit wehen.

V

Du wirst dein Domizil häufig wechseln.

Dein Traum bedeutet, dass du einen Teil deines Besitzes für wohltätige Zwecke zur Verfügung stellen solltest.

Lass dich nicht von Problemen entmutigen, sie werden sich auflösen wie dichte Nebelschwaden in der Sonne.

Was du säst, werden deine Kinder ernten.

Lass nicht zu, dass kleinliche Streitereien das eheliche Glück stören.

Deine Liebste oder dein Liebster wird nicht aufhören, um deine schnelle Rückkehr zu beten.

Er wird zur rechten Zeit zurückkehren.

Dich erwartet eine reiche Ernte.

Der Dieb wird schließlich aufgespürt werden.

Traurig ist das Schicksal desjenigen, der sich ausschließlich auf die Freundschaft und den guten Willen anderer verlässt.

Gib Acht, dass keine Schande über dich kommt, während du nach Ruhm strebst.

So wie die Blumen auf dem Feld von den belebenden Sonnenstrahlen zum Wachstum angeregt werden, so wird das Gedeihen deiner geschäftlichen Unternehmungen dein Herz erfreuen.

Selig sind die, die wenig erwarten, denn sie werden nicht enttäuscht.

Geh in dich und überlege dir gut, ob du deine gegenwärtigen Vorhaben nicht aufgeben solltest.

Wenn du die Gunst der Mächtigen genießt, gib Acht, dass du nicht überheblich wirst.

Du bist deines eigenen Glückes Schmied, mache dich von niemandem abhängig.

V

Lass dich nicht von einer anfänglichen Glückssträhne blenden, denn das ist der Köder, den der Spieler auswirft, um seine Beute anzulocken.

Wenn man dich um deine Oberbekleidung betrügt, wirf nicht deine Unterwäsche fort, um erstere wiederzubekommen.

Lass dich nicht von deinem übermäßigen Verlangen nach Reichtum in fremde Länder treiben.

Wünsche dir nicht, alt zu werden, wenn du deinen Geist nicht bildest, denn es gibt keinen traurigeren Anblick als einen alten Dummkopf.

Jemand wird Mitleid haben und den Gefangenen befreien.

Du wirst allen Grund haben, deine Partnerin zu lieben.

Du wirst zahlreiche Nachkommen haben. Erziehst du sie richtig, werden ihre Tugenden der Lohn für deine Mühe sein.

Dein Freund ist frei von allen körperlichen Beschwerden und erwartet einen Brief oder eine Nachricht von dir.

In einem Wettstreit, der bald stattfinden könnte, wirst du über deine erklärten Feinde triumphieren.

Du würdest eine traurige Figur auf der Kanzel abgeben.

Hör auf, hinter Phantomen herzujagen, du könntest sonst das Wesentliche aus den Augen verlieren.

Wirst du mit Gefahr konfrontiert, begegne ihr tapfer und lass dich nicht von Äußerlichkeiten erschrecken.

Du brauchst keine Angst zu haben, dass dich eine andere Person aus dem Herzen deiner Liebsten oder deines Liebsten verdrängen wird.

Der Patient sollte nicht durch traurige Mienen verunsichert werden.

Die Ehe mit deiner Herzallerliebsten oder deinem Herzallerliebsten wird dir Frieden, Glück und Wohlstand bescheren.

Handle besonnen, offen und ehrlich, so kannst du dem Verleumder die Stirn bieten.

W

Nur wenige Menschen entkommen der giftigen Zunge der Verleumdung.

Du wirst auf wenige Schwierigkeiten stoßen.

Die Interpretation lautet, dass du einen wichtigen Brief erhalten wirst.

Deine eigenen Anstrengungen werden dir helfen, alle Probleme zu überwinden, die auftauchen könnten.

Führe deine Kinder auf den Pfad der Rechtschaffenheit, und sie werden auch nach deinem Tode nicht davon abweichen.

Das Glück hängt allein von der Zuneigung und Nachsicht beider Parteien ab.

Eine lange Trennung vom Objekt deiner Zuneigung birgt gewisse Gefahren.

Wichtige Angelegenheiten verhindern seine unmittelbare Rückkehr.

Ein revolutionärer Geist herrscht im Ausland unter den Nationen.

Habe Geduld, und alles wird sich entwickeln.

Wenn dir ein Mensch ewige Freundschaft beteuert, solltest du seine Aufrichtigkeit zumindest anzweifeln.

Beschmutze deine Lorbeeren nicht durch ungerechte Taten.

Sei besonnen und gerecht, und du wirst wahrhaft glücklich sein.

Lass nicht zu, dass Enttäuschung deine beruflichen Anstrengungen zunichte macht.

Du wirst Glück haben.

Wenn du am Zenit deiner Macht stehst, lass nicht zu, dass verwerfliches Handeln deinen Sturz herbeiführt.

W

In deinen Geschäften sollte Geld nicht die Hauptrolle spielen.

Wenn du spielst, spiele fair, und sieh zu, dass andere es genauso halten.

Große Widerstände behindern momentan deinen Erfolg in Rechtsangelegenheiten.

Das Verlassen deines Heimatlandes wird dein Glück nur verzögern.

Eitler Sterblicher! Was willst du? Ein hohes Alter ist die Belohnung für Mäßigkeit und Tugend.

Versuche, den Kerker mit einem goldenen Schlüssel aufzuschließen.

Bist du vorsichtig und achtsam, könnte sich diese Heirat als sehr Glück bringend erweisen.

Sie wird einen Sohn bekommen, der in seiner Jugend bewundert und im Alter respektiert wird.

Deine Freunde leiden nicht unter körperlichen Beschwerden, aber sie sind nicht frei von Sorgen in Bezug auf weltliche Angelegenheiten.

Deine Feinde sind machtlos und nicht wert, dass du ihnen Beachtung schenkst.

In dieser Angelegenheit solltest du den Rat beherzigen, den dir dein bester Freund zuletzt gab.

In dieser Angelegenheit hat dich Fortuna nicht zu ihrem Liebling erkoren.

Sorge dich nicht auf deiner Reise, dass hinter jedem Busch ein Räuber oder Tiger lauert, sondern setze deinen Weg unbeirrt fort.

Wenn du in dieser Angelegenheit diskret vorgehst, werden deine gespannten Erwartungen mit Erfolg belohnt.

Eine rasche Genesung hängt zum großen Teil von der Geduld ab, mit der der Betroffene die Krankheit erträgt.

Dein Ehemann wird ein gutwilliger Mensch mit einem gut ausgestatteten Haus und einer gut bestellten Landwirtschaft sein.

X

Dein Ehemann wird gebildet sein, einen guten Charakter und ein angenehmes Äußeres haben.

Früher oder später wird Schande über deine Verleumder kommen.

Wenn du zu Hause verweilst, wirst du mit wenigen Veränderungen konfrontiert.

Dein Traum weist darauf hin, dass es deinen Feinden übel ergehen wird.

Deine Probleme werden dich nicht länger überwältigen.

Trachte eher danach, Wissen an deine Kinder weiterzugeben, als ihnen ein Vermögen zu vererben, und sie werden glücklich sein.

Diese Verbindung wird wahres Glück bringen.

Vernachlässige deine Liebste oder deinen Liebsten nicht, und man wird dir treu bleiben.

Der Reisende wird schnell wieder sein eigenes Land und seine Angehörigen aufsuchen.

In einem Land, das lange von ungebildeten, trägen und verschwenderischen Fremden unterdrückt wurde, wird der Gewaltherrschaft bald ein Ende gesetzt.

Forsche gründlich unter den Mitgliedern deiner Familie nach.

Verlass dich mehr auf die Taten als auf die Versprechungen deiner Freunde.

Nur die guten Taten der Rechtschaffenen werden von der Nachwelt gewürdigt.

Deine Probleme werden ein Ende haben und du wirst glücklich sein.

Übe deinen Beruf gewissenhaft aus und sei kein Erbschleicher.

Freue dich über das Glück, das dir beschieden ist, und sei damit zufrieden.

X

Wenn du in der Gunst der Mächtigen stehst, gib Acht, dass dich nicht die Zunge eines Schmeichlers ruiniert.

Sei ehrlich in deinem Handeln und lege deinen Erfolg in Gottes Hand.

Kümmere dich um deine Geschäfte und meide den Spieltisch.

Investiere keine großen Summen in diesen Prozess.

In einem fernen Land wirst du etwas Kostbares finden.

Wenn du mäßig beim Essen, reinlich mit deinem Körper und gerecht in deinem Handeln bist, wirst du einen angenehmen Lebensabend haben.

Der Gefangene wird nicht unter körperlichen Beeinträchtigungen leiden.

Diese Heirat wird dein Wohlergehen und Glück mehren.

Sie wird einen Sohn bekommen, der einen widerspenstigen Charakter hat, aber es ist deine Aufgabe, ihn zurechtzuweisen und auf den rechten Weg zu führen.

Dein Freund ist wohlauf und denkt daran, eine Reise anzutreten.

Du hast Feinde, die schlecht über dich sprechen werden und bereit sind, dich auch mit anderen Mitteln zu verletzen.

Handle mit Büchern, und lebe im Wohlstand.

Ein guter Ruf wird sich für dich als sehr wertvoll erweisen. Sieh zu, dass du ihn nicht verlierst.

Bummle nicht unnötig auf deiner Reise, Verzögerungen könnten deine Sicherheit gefährden.

Im Moment ist es zweifelhaft, dass deine Zuneigung erwidert wird, aber mit Ausdauer und Aufmerksamkeit ist dir der Erfolg gewiss.

Sorge dafür, dass der Patient durch die liebevolle Aufmerksamkeit guter Freunde beruhigt wird, und ein glücklicher Ausgang ist zu erwarten.

Y

Der Patient kann genesen. Doch für den schlimmsten Fall sollten angemessene Vorbereitungen getroffen werden.

Dein Ehemann wird einen guten Charakter haben und dich glücklich machen, solange du nicht versuchst, ihn zu beherrschen.

Und wärest du so rein wie Schnee, du könntest der Verleumdung nicht entkommen.

So wie die zerbrechliche Barke vom Meer hin und her geworfen wird, so wird es dir auf dem stürmischen Ozean des Lebens ergehen, doch am Ende wirst du in den Hafen des Glücks einlaufen.

Die Vorzeichen weisen darauf hin, dass du vorsichtig sein musst, um Gefahren abzuwenden.

Dir wird unverhofftes Glück zuteil.

Bringe deinen Kindern bei, nicht habgierig zu sein, und sie werden glücklich und zufrieden leben.

Wird die Ehe mit Besonnenheit eingegangen, ist sie der glücklichste Zustand, in dem der Mensch leben kann.

Fürchte nicht, dass deine Liebste oder dein Liebster dir untreu ist.

Er wird nicht lange säumen.

Eine Nation, die an Veränderungen gewöhnt ist, muss noch eine umwälzende durchmachen.

Beschuldige deinen Bediensteten nicht zu Unrecht.

Wahre Freunde sind so rar, dass man ihnen, hat man sie einmal gefunden, höchste Wertschätzung entgegenbringen sollte.

Was bringt dir Ruhm, wenn du kein Geld hast?

So wie die schlaff herabhängende Pflanze vom Morgentau erfrischt wird, so wird dein Herz durch plötzlichen Wohlstand erfreut.

Teile dein Erbe mit denen, die die gleichen Rechte haben wie du.

Y

Verlass dich nicht zu sehr auf deine gegenwärtige Glückssträhne.

Versuche nicht, dir durch Unterwürfigkeit einen Vorteil zu verschaffen, du wirst auch ohne sie vorankommen.

Der wirklich Kluge macht sich zuerst ein Bild von der Lage, bevor er handelt.

Meide alles, was den Geruch der Hölle verströmt.

Du setzt deine Hoffnungen umsonst auf das Gesetz, du wirst keinen Erfolg haben.

Erwarte dein glückliches Schicksal zu Hause.

Es ist völlig unsinnig, sich ein langes Leben zu wünschen, wenn deine täglichen Gewohnheiten die Grundlage dafür zerstören.

Versorge und unterstütze den armen Gefangenen, der bald freikommt.

Zufriedenheit wird diese Verbindung zum vollkommenen Paradies machen.

Du wirst mit Söhnen und Töchtern gesegnet werden, aber vergiss nicht, dass sie in deine Fußstapfen treten könnten.

Eine leichte Unpässlichkeit quält die Person, um die du dir Sorgen machst, aber das wird schnell vorüber gehen.

Der spitze Pfeil, den ein geheimer Feind auf dich abschießt, wird diesen schließlich selbst treffen.

Wenn du Kohl magst, dann nimm die Nadel zur Hand.

Nur sehr selten wird ein Schatz gefunden, vergeude deine Zeit nicht auf der Suche nach ihm.

Passe dich den Sitten und Gebräuchen derjenigen an, denen du auf deiner Reise begegnest, und du wirst kaum Probleme haben.

Du wirst in dieser Angelegenheit im Laufe der Zeit mehr Glück haben, als du gegenwärtig zu hoffen wagen kannst.

Z

Die Liebe, die du und deine große Liebe für einander empfindet, ist von großer Harmonie geprägt.

Der Patient wird mit Sicherheit von seiner gegenwärtigen Erkrankung genesen.

Dein Ehemann wird reich sein, aber er wird stets bestrebt sein, dich zu beherrschen und klein zu halten.

Die üble Nachrede deiner Feinde wird deinen Charakter nicht beeinflussen.

Dich erwarten nur wenige Schwierigkeiten.

Die Interpretation lautet: Wenn du in deinem eigenen Verhalten nur den geringsten Fehler entdeckst, solltest du keine Zeit verlieren, um ihn wieder gutzumachen.

Scheue dich nicht, dich deinem Schicksal zu stellen, was dir jetzt als Missgeschick erscheint, mag sich schließlich als großer Vorteil erweisen.

Erziehe deine Kinder zu Achtung und Ehrlichkeit, und du brauchst dir keine Sorgen um ihr Wohlergehen zu machen.

Niemand sollte sich in die häuslichen Auseinandersetzungen eines verheirateten Paares einmischen. Lässt man sie in Ruhe, sind die Differenzen bald bereinigt und die Partner so glücklich wie zuvor.

Vergiss nicht, schriftlich Kontakt mit deiner Liebsten oder deinem Liebsten zu halten.

Es sollten Vorbereitungen für seine schnelle Rückkehr aus dem Ausland getroffen werden.

Wo unverschämte Unterdrückung herrscht, wo Tränen den Boden benetzen und wo Seufzer die karge Ernte begleiten, wird der von Leibeigenschaft befreite Bauer einst unter seinem Feigenbaum sitzen und die Freuden des Überflusses genießen.

Klage nicht vorschnell den Unschuldigen an.

Wenn du mit einem Schurken gemeinsame Sache machst, solltest du nicht erwarten, dass er dir gegenüber loyal sein wird.

Der Applaus der Niederträchtigen ist nutzlos, aber das Lob der Gerechten ist wie Honig, der aus der Wabe tropft.

Fehler, die du bei anderen entdeckst, solltest du auch bei dir nicht dulden, dann wirst du glücklich sein.

Z

Du wirst von der Erbschaft, die dir hinterlassen wird, nicht viel profitieren, wenn du sie unüberlegt ausgibst.

Verliere nicht dein ganzes Hab und Gut durch waghalsige Spekulationen.

Sei weder unterwürfig, wenn es dir schlecht geht, noch despotisch, wenn du im Überfluss lebst.

Ja! Wenn du standhaft unmoralische Stätten meidest.

Es ist sogar besser, deine Zeit zu verschlafen, als sie damit zuzubringen, dich und andere zu ruinieren.

Bemühe dich darum, alle Differenzen in einer privaten Angelegenheit beizulegen.

Wage dich ohne Furcht aufs Meer hinaus.

Ein bösartiger alter Mensch ist eine echte Plage, der vor der Zeit die Hölle kennen lernt. Möchtest du auch gerne so sein? Nur zu! Eher soll der junge Baum verwelken als der alte verrotten.

Besuche den Gefangenen, dem es schlecht geht. Doch sein Leid wird sich bald in Freude verwandeln.

Du wirst eine sehr würdige Persönlichkeit heiraten, die einen beträchtlichen Besitz erben wird.

So wie die schützende Eiche von zartem Efeu umhüllt ist, so wird eine Schar von Söhnen und Töchtern deine elterliche Fürsorge fordern.

Dein Freund ist wohlauf, er ist gerade dabei, für wohltätige Zwecke zu spenden.

Gehe vorsichtig vor, und du wirst zweifellos über einen mächtigen Feind triumphieren.

Informiere dich gründlich über zwei Berufe, in denen hauptsächlich mit den Händen gearbeitet wird. Lass dir eine Woche Zeit, um über beide nachzudenken und wähle dann den, von dem du träumst.

Sei so fleißig, wie du jetzt gierig bist, und dein Lohn wird großer Reichtum sein.

Lass dich nicht von den kleinen Unannehmlichkeiten irritieren, die du vielleicht erlebst, sonst wirst du nicht den Mut haben, dich echten Gefahren zu stellen.

*

Mach dich gut ausgerüstet auf den Weg und streite unterwegs nicht mit deinen Gefährten, dann wird deine Reise sicher und erfolgreich sein.

Deine Liebste oder dein Liebster hat dein Bild immer vor Augen.

Die Erkrankung des Patienten wird den richtigen Heilmitteln weichen.

Du wirst eine Verbindung mit einem Mann von dunklem und sehr hübschem Aussehen eingehen.

Die üble Nachrede deiner Feinde wird auf sie selbst zurückfallen.

Auf die schlechte Zeit folgt eine gute.

Die Vorzeichen weisen darauf hin, dass dein Verhalten der Veränderung bedarf.

Fürchte nicht, dass dein Missgeschick dich weiterhin verfolgen wird.

Die Menschen, um die du dir Sorgen machst, sind wohlauf und guter Dinge.

Gebt beide in Kleinigkeiten nach, und ihr werdet glücklich miteinander sein.

Gib deiner Liebsten oder deinem Liebsten keinen Grund, unzuverlässig zu sein.

Er muss noch für kurze Zeit ein Fremder bleiben.

Dort, wo die Atmosphäre lange Zeit von den Seufzern der Unterdrückung erfüllt war, wird man bald den Ruf der Freiheit vernehmen.

Sei verschwiegen, und prüfe jede Person einzeln.

Wenn du erwartest, dass sich ein Schurke, mit dem du gemeinsame Sache machst, als treuer Freund erweisen wird, täuschst du dich.

Setze dich nicht für Ziele ein, wenn du dir nicht gut überlegt hast, ob sie deinem Ruf schaden können.

Mache einen großen Bogen um die Fallen deiner Feinde.

Obwohl du eine Erbschaft machst, solltest du fleißig und bescheiden bleiben.

Wenn du genug irdische Güter hast, sei damit zufrieden und gehe keine Risiken ein.

Dein Interesse wird dir große Gunst von anderen einbringen.

Meide das Kartenspiel, den Wein und die Frauen, und es wird dir gut ergehen.

Dein Risiko ist hoch, deine Aussicht auf Gewinn gering, und am Ende verlierst du vielleicht alles.

Im besten Fall wird es einen geringen Gewinn geben.

Bleibe fest in deinem Entschluss, deinen heimatlichen Gefilden den Rücken zu kehren.

Kümmere dich gut um deine Kinder und Angehörigen, damit sie dich dereinst im Alter versorgen und beschützen, wenn deine Kräfte dich verlassen.

Der Gefangene wird frei gelassen, aber du solltest ihm klar machen, dass er sich davor hüten muss, wieder in die Fänge der Mächtigen zu geraten.

Du wirst eine ehrwürdige, junge und gut aussehende Partnerin haben.

Dir werden Söhne geboren, führe sie in der Jugend auf den richtigen Weg, und sie werden im Alter nicht davon abweichen.

Dein Freund erfreut sich bester Gesundheit, aber er ist nicht völlig frei von Sorgen.

Verhalte dich so, dass die Menschen dich lieben können und nicht hassen müssen.

Wähle einen Beruf, in dem mehr mit den Händen als mit dem Kopf gearbeitet wird.

Wenn du einen Schatz findest, dann hüte deine Zunge und sieh zu, dass du den Reichtum weise nutzt.

◊

Gräbst du deine Felder mit dem Pflug des Fleißes um, wirst du einen Schatz finden, der dich reichlich für deine Mühe belohnen wird.

Deine Reise wird von Erfolg gekrönt sein.

Du kannst auf einen Platz im Herzen deiner Allerliebsten oder deines Allerliebsten hoffen.

Die Schmerzen des Patienten werden bald verschwinden.

Dein Ehemann wird in eine hohe Position befördert.

Deine Verleumder sind fleißig, aber ihre Absicht, dich zu verletzen, wird zunichte gemacht.

Auf dich warten große Schwierigkeiten, aber sie werden wenig Einfluss auf dein zukünftiges Glück haben.

Die Vorzeichen weisen darauf hin, dass dir Glück widerfahren wird.

Am Anfang mögen dir Probleme beschieden sein, aber am Ende wirst du in Frieden und Glück leben.

Versäume nicht, deinen Kindern alles Wissen zu vermitteln, das für sie wichtig sein könnte, und sie werden am Ende mit Sicherheit davon profitieren.

Gegenseitige Rücksichtnahme ist das stärkste Band ehelichen Glücks.

Die Zuneigung des Wesens, das du liebst, gilt dir allein.

Er wird mit einer Fülle von Reichtum und Wissen zurückkehren.

Der, der über die Könige der Welt herrscht und die Nationen mit dem Klirren seiner Waffen in Schrecken versetzt, wird gedemütigt und umgehend gestürzt werden.

Sei dir deiner Gründe sicher, bevor du eine Klage anstrengst.

Wähle deine Freunde nur unter den Rechtschaffenen, und du hast keinen Verrat zu fürchten.

Das Wohlgefallen deines Schöpfers ist wertvoller als der nichts sagende Applaus der Menschen.

Sei kritisch in der Wahl deiner Freunde, und die Zukunft wird glücklicher sein als die Vergangenheit.

Du, der du Häuser und Ländereien erbst, was nützt dir das, wenn du nicht besonnen handelst?

Es werden sich Hindernisse auftun, an die du nicht im Traum gedacht hast.

Sei ehrenhaft und ehrlich in deinem Handeln, und du wirst in eine hohe Stellung erhoben werden.

Du wirst erkennen, welchen Vorteil es hat, langfristige Kredite weder zu gewähren noch zu nehmen.

Zieh dich vom Spiel zurück, bevor die Uhr zwölf schlägt, nach dieser Stunde wirst du kein Glück haben.

Glaubst du, du könntest das brennende Öl aus dem lodernden Feuer holen? Denk nicht mehr daran, deine Habe aus dem Feuer des Gesetzes zu retten, wenn es bereits daran zehrt.

Du wirst ferne Länder besuchen, wo es Gold im Überfluss gibt. Vergiss in deinem Wohlstand nicht die Witwe und das Waisenkind.

Es steht dir nicht zu, dir ein hohes Alter zu wünschen, wenn du deinen fleischlichen Gelüsten allzu bereitwillig nachgibst.

Gefangenschaft, Angst, Ungewissheit, Freiheit und Freude werden rasch aufeinander folgen.

Du wirst eine Frau heiraten, die dir in Charakter und Wohlstand ebenbürtig ist, sei zufrieden und glücklich.

So wie die Rosen lieblich am Rosenbusch blühen, so werden dich Söhne und Töchter mit ihrer Schönheit schmücken.

Die Menschen, um die du dich sorgst, sind wohlauf und sorgen sich gleichermaßen um dein Wohlergehen.

Man wird dich beneiden, aber es sollte dein unermüdliches Bestreben sein, dass selbst deine Feinde Grund haben, deine Rechtschaffenheit zu bewundern.

Wähle keinen Beruf, der vom Luxus und den Launen des Zeitalters abhängig ist, in dem du lebst.

Schon oft sind Menschen aus einfachen Verhältnissen durch ihren Fleiß in höchste Positionen aufgestiegen. Mach du es genauso.

Vernachlässige nicht deine Geschäfte für die Suche nach verborgenen Schätzen.

Deine Reisen werden erfolgreich verlaufen, aber du musst dennoch vorsichtig und besonnen sein.

Freue dich! Du wirst wahrhaftig geliebt.

Der Patient wird bald große Linderung erfahren.

Dein Ehemann wird großen Reichtum besitzen.

Sieh zu, dass sich dein Ruf auf Rechtschaffenheit gründet, und du brauchst die Fallstricke der üblen Nachrede nicht zu fürchten.

Fürchte nicht, dass das Glück dich verlassen wird.

Die Vorzeichen verkünden Wohlwollen und Wohltätigkeit für deine armen Freunde.

Auf Regen folgt Sonnenschein.

Wenn du deinen Kindern ein glückliches Leben wünschst, dann führe sie auf den Pfad der Tugend und Ehre.

Die Morgendämmerung der Ehe mag von Problemen überschattet sein, aber der Abend ist voller Harmonie und Glück.

Zweifle nicht an den Liebesschwüren, die man dir machte.

Eine bestimmte Angelegenheit verhindert seine unmittelbare Rückkehr.

Diejenigen, die sich lange nach Freiheit gesehnt haben, werden sie bald erlangen.

Wenn du den Dieb entdeckt hast, sorge dafür, dass seine Bestrafung in angemessenem Verhältnis zu seinem Vergehen steht.

Wenn du von deinem Freund Ehrlichkeit erwartest, dann sei auch du ehrlich zu ihm.

Wenn deine Taten gerecht sind, kannst du sicher sein, dass zukünftige Generationen dein Andenken ehren werden.

Das Glück eines Mannes hängt allein davon ab, mit welchen Menschen er sich umgibt.

Oh, Mensch! Vergiss nicht, dass du das Vermögen, das du erbst, nicht selbst verdient hast. Denke deshalb in deinem Wohlstand auch an die Armen.

Bevor du anfängst zu bauen, berechne die Kosten des Hauses.

Dein Ansehen wird das deiner Mitmenschen überflügeln.

Stehe früh auf, kümmere dich um deine Geschäfte und sei in Geldangelegenheiten korrekt, dann wirst du erfolgreich sein.

Trinke nie, bevor das Spiel zu Ende ist.

Deine Erwartung, diesen Prozess zu gewinnen, ist wahrlich vergebens.

Das Glück wartet in deinem Heimatland auf dich.

Langlebigkeit und die Befriedigung sinnlicher Gelüste sind unvereinbar, denke nicht, dass du in den Genuss von beidem kommen kannst.

Der Gefangene wird irgendwann entwischen und über seine Feinde triumphieren.

Du wirst eine Frau heiraten, mit der es dir sehr gut gehen wird.

Du wirst drei liebreizende Töchter bekommen. Erziehe sie gut und hüte sie wie deinen Augapfel.

Dein Freund ist wohlauf und guter Dinge. Er ist gerade damit beschäftigt, Geld zu zählen.

Beachte nicht die kläglichen und kraftlosen Versuche desjenigen, der dir Schaden zufügen will.

II

Du hast Feinde, die dir einen Dolchstoß versetzen würden, würde nicht die Furcht vor dem Gesetz sie davon abhalten.

Wer klug handelt, hat alle Möglichkeiten zum Aufstieg.

Der Schatz, den du finden wirst, ist ein Partner, dessen liebendes Herz Freude und Leid mit dir teilt.

Dir wird kein Unglück widerfahren.

Es gibt keinen Mangel an Rücksicht von Seiten deiner Liebsten oder deines Liebsten.

Die Krankheit des Patienten wird den richtigen Heilmitteln weichen.

Du wirst einen Mann mit viel Tiefgang heiraten.

Man wird gut über dich sprechen.

Handle besonnen, und deine Schwierigkeiten werden dich dem Glück, das dir bestimmt ist, näher bringen.

Die Vorzeichen weisen auf Gefahr hin, wenn du nicht vorsichtig bist.

Die Sonnenstrahlen des Glücks werden deine umwölkte Stirn erhellen.

Bändige deine Kinder, wenn sie auf dem Pfad der Untugend wandeln, und sie werden deinen Namen preisen, wenn sie selbst Eltern werden.

Fürchte nicht, dass diese Ehe unglücklich wird.

Deine Treue und die deiner Liebsten oder deines Liebsten wird durch Glück belohnt.

Der Fremde wird zurückkehren, aber nicht so schnell.

Die Tyrannen werden bald selbst vom Abgrund ihrer neuesten Grausamkeit verschlungen.

II

Nur durch Hartnäckigkeit wirst du dein Eigentum wiederbekommen.

Wenn du deinen Freund um Rat fragst, dann erzähle ihm nicht nur die halbe Wahrheit, sonst wirst du am Ende leiden, weil du die Sache vor ihm verschleiert hast.

Dein Name wird dereinst als Vorbild bei der Erziehung künftiger Generationen dienen, wenn du ein Wohltäter der Menschheit bist.

Mach einen Bogen um die Fallstricke der Niederträchtigen und du wirst glücklich.

Was du dir selbst verdient hast, wird viel süßer schmecken als die größte Erbschaft.

Sei überaus vorsichtig bei deinen gegenwärtigen Spekulationen.

Sei aufrichtig gegenüber deinem gegenwärtigen Klienten, und man wird dir sehr wichtige Angelegenheiten übertragen.

Der Fleißige ist selten der, dem das Glück zufliegt.

Beschränke dich auf Spiele, bei denen du deinen Gegner mit Einfallsreichtum und Fairness schlagen kannst.

Du wirst bald erhalten, was du am wenigsten erwartest.

Wenn du weit von zu Hause weggehst, werden deine Angehörigen deine Interessen nicht wahren. Trödle unterwegs also nicht herum.

Das Alter allein verdient keinen Respekt, wenn es nicht mit Tugend einhergeht. Möchtest du alt sein und verabscheut werden?

Der Gefangene wird die Bestrafung seiner Feinde erleben.

Wenn du sie gut behandelst, wird deine Partnerin für dich durchs Feuer gehen.

So wie der Stamm einer Pflanze einen Teil seiner Nahrung an die zarten Seitentriebe abgibt, so brauchen deine Söhne und Töchter deine Unterstützung und deinen Schutz.

Mach dir keine Sorgen um die Gesundheit deiner Freunde, sie warten darauf, dass du ihnen eine Kleinigkeit schickst, die sie an dich erinnert.

∞

Deinen Freunden geht es gut, sie schlafen tief und fest im Schoße der Zufriedenheit und des Glücks.

Deine Feinde haben nicht die Macht, dir zu schaden.

Tu, was in deiner Macht steht, damit alle Menschen deine Botschaft hören.

Es ist dir nicht bestimmt, verborgene Schätze zu entdecken.

Lass dich von Vorsicht und Besonnenheit leiten, und du wirst dein Reiseziel sicher erreichen.

Die Allerliebste oder der Allerliebste verehrt dich insgeheim.

Sorge dafür, dass alle Mittel zur Wiederherstellung der Gesundheit eingesetzt werden.

Der gute Charakter deines Ehemannes wird dich glücklich machen.

Verschwende nicht deine Zeit mit dem Versuch, ein gutes Zeugnis von allen Menschen zu erhalten.

So wie die Funken nach oben fliegen, so wird jeder Mensch in Schwierigkeiten hineingeboren.

Die Vorzeichen deuten darauf hin, dass du anderen nicht in Angelegenheiten vertrauen sollst, die du selbst regeln kannst.

Lass dich von deinen Problemen nicht schwächen, sondern bereite dich innerlich auf glücklichere Zeiten vor.

Wenn ein Mann von gutem Stand stirbt, warten Wohlstand und Glück auf seine Nachkommen.

Eine Ehe, die aus Habgier geschlossen wird, ist selten eine glückliche.

Gehe in dich und frage dein Herz, ob es richtig war, einen Treueschwur zu leisten.

Der Fremde wird bald zurückkehren.

∞

Dem Adler des Nordens werden die Flügel gestutzt und die Krallen stumpf gemacht.

Es ist notwendig, dass du deinen Verlust mit innerer Stärke trägst.

Ein einziger Akt uneigennütziger Freundschaft sollte die Erinnerung an tausend Fehler auslöschen.

Missbrauche nicht die Macht, die der Herr dir gab, und man wird deinen Namen noch in ferner Zukunft voller Begeisterung aussprechen.

Deine Probleme werden bald ein Ende haben.

Mach dir keine Sorgen, dein eigener Fleiß wird dir ein ausreichendes Einkommen bescheren.

Mache Besonnenheit und Gerechtigkeit zu deinen Gehilfen, und du wirst in all deinen Unternehmungen erfolgreich sein.

Tritt nicht die Leiter um, mit deren Hilfe du nach oben gelangst.

Ehre jeden einzelnen Cent, mehr muss man einem klugen Menschen nicht sagen.

Nimm keine Hypothek auf, um eine Spielschuld zu bezahlen.

Du hoffst vergebens, Justitia ist blind für deine Anliegen und das Glück kehrt dir zurzeit den Rücken.

Verteile das Vermögen, welches du im Ausland erwirbst, gerecht und großzügig zu Hause.

Um ein hohes Alter zu erreichen, musst du die Dinge meiden, die zu frühzeitigem körperlichem Verfall führen.

Dem Gefangenen wird die Freiheit geschenkt.

Eine gut aussehende Partnerin mit gutem Charakter, ein Sack voll Gold und ein Wagen.

Dir wird ein Sohn geboren, der deine Hoffnungen nicht enttäuschen wird.

§

Deine Frau wird dich mit vielen Nachkommen segnen und sie wird sich unter ihnen ausnehmen wie die Königin der Nacht unter den Sternen des Himmels.

Die Menschen, um die du dir Sorgen machst, sind wohlauf und guter Dinge. Im Moment führen sie gerade eine angeregte Konversation.

Du hast, aber fürchte nicht, dass sie die Macht haben, dich zu verletzen.

Hänge ein Schild an deinen Türpfosten: „Hier wird Wäsche gewaschen!"

Das Gold und Silber, welches in der Erde vergraben wurde, wird deinen Blicken für immer verborgen bleiben.

Wenn du dich von deinem Zuhause entfernst, wird dir nichts Schlimmes widerfahren.

Deine Liebe wird angemessen erwidert werden.

Solange es Leben gibt, gibt es Hoffnung. Lass nichts unversucht, die Krankheit zu heilen.

Ein ehrbarer Mann wird dich heiraten.

Dein Ruf wird, in geringem Maße, verunglimpft werden.

Dir werden wahrscheinlich viele Möglichkeiten präsentiert.

Die Vorzeichen deuten darauf hin, dass dir Unheil droht, wenn du zauderst und zögerst.

Deine Probleme sollten dir eine Lehre für die Zukunft sein. Beherzige sie, und es wird dir wohl ergehen.

Um glücklich zu sein, muss man nur rechtschaffen handeln. Bringe das deinen Kindern bei, und sie werden von dieser Wahrheit profitieren.

Schau in Bezug auf deinen Partner nicht so sehr auf Gold und Silber, sondern auf Rechtschaffenheit und Besonnenheit, und dir wird eine glückliche Ehe beschieden sein.

Nimm es dir nicht allzu sehr zu Herzen, wenn die Person, auf die du jetzt zählst, sich als unbeständig erweist.

§

Die Rückkehr des Fremden wird voller Freude bejubelt.

Eine Zeit lang wird der Sturm der Revolution auf der Erde toben, aber am Ende werden die Nationen in Frieden und Wohlstand leben.

Wenn du dein Eigentum zurückbekommen hast, solltest du in Zukunft gut darauf aufpassen.

Lass nicht zu, dass interessierte Personen so viel Macht über dich gewinnen, dass zwischen dir und deinem Freund Unstimmigkeiten und Misstrauen entstehen.

Lass dich von deinem Streben nach einem unsterblichen Namen nicht zu Grausamkeit und Plünderung verleiten.

Freude und Leid sind relativ, rege dich also nicht über Kleinigkeiten auf.

Lass dir das Glück nicht zu Kopf steigen, wenn es an deine Tür klopft.

Verlass dich nicht auf den äußeren Schein.

Gute Taten werden dir Ehre einbringen.

Beneide nicht deinen fleißigen Nachbarn, sondern folge beharrlich seinem Beispiel.

Hüte dich vor unfairem Spiel.

Verzichtet der Wolf brav auf seine Beute oder der Fuchs auf sein Diebesgut? Wie kannst du also hoffen, dein Hab und Gut vor dem Arm des Gesetzes retten zu können?

Mach dir keine Sorgen in Bezug auf deine Reise, sie wird erfolgreich sein.

Machst du Mäßigkeit zu deiner Krankenschwester und Arbeit zu deinem Arzt, wirst du niemand anderes brauchen, denn dann wird die Gesundheit deine Gefährtin im Alter sein.

Rasche Freilassung des Gefangenen.

Deine Partnerin wird Häuser und Ländereien besitzen.